最新
中国税務
&ビジネス

近藤義雄 [著]
Kondo Yoshio

中央経済社

は じ め に

　本書は中国ビジネスの入門書であるとともに中国税務の専門書でもあり，中国税務の重要なポイントを網羅しています。

　私が中国ビジネスに本格的に携わったのは日本人の公認会計士として初めて中国に赴任した1986年のことです。以来，34年にわたり中国ビジネスの実態を見ながら中国の税務と会計を専門とする仕事を続けてきました。このような経験から，中国の税務を理解するためにはその背景にある中国ビジネスの実態を理解しなければならないと考え続けてきました。

　本書は，単なる税務の解説だけではなく税務の視点から見た中国ビジネスの歴史的背景，経済社会，実際の商慣習等をはじめに紹介したうえで，税務について基本的なポイントを解説しています。中国の税務はその背景にある中国の歴史，経済社会，商慣習と密接に結びついているからです。

　その意味では，本書は，中小企業の経営者と大企業の実務担当者，公認会計士や税理士，弁護士等の専門家が，仕事の関係で初めて中国ビジネスに携わる時に，日本とは経済社会制度も商習慣も異なる中国ビジネスの実態を理解するための入門書でもあります。

　中国は共産主義国家であり，1978年に国内経済の活性化政策と対外開放政策を打ち出すまでは全人民所有制企業（国有企業）が大多数の計画経済の国でした。1980年代に進展した外資導入と2000年のWTO加盟を経て，計画経済から市場経済へ移行しましたが，国有企業時代の残滓は今でも依然として根強く残っています。

　例えば，1980年代前半まで中国には正確な原価計算制度はなく，当時の国営企業の原価計算制度は1986年に制定されています。
　中国の伝統的な原価計算制度では原材料が製品として完成されるまでの途中段階の仕掛品は会計上認識されることなく，棚卸資産の中に製品と原材料等は

はじめに

あっても仕掛品はほとんど認識されていませんでした。普遍的な原価計算制度が確立されたのは2013年のことです。

私が北京に駐在していた時によく聞いたのは，中国企業は製品を原価割れして販売しているのではないかという疑問でした。

正常な製品コストを積み上げ計算した原価金額と実際の販売価格が釣り合っていないという原価割れの市況が続いていたため，日本企業は，価格競争でどうしても中国企業に負けてしまっていたのです。原価割れ販売がどのような理由で行われていたのかは分かりませんが，当時の国営企業の実際の生産販売状況が反映されていたものと考えられます。

中国政府は1985年に会計法を制定して外資系企業の会計制度を一部導入しましたが，中国企業が社会主義会計から資本主義会計に移行したのは1993年のことです。中国は2006年に国際会計基準（IFRS）を本格的に導入しましたが，会計の分野では理論と実際の実務との間には大きな隔たりがあります。

中国では，1980年代に携帯電話が急速に普及しましたが，これは固定電話の中継局が普及していなかったのでいきなり携帯電話の時代に突入した結果でした。

最近では，スマートフォンによる顔認証技術と QR コード読取を利用したキャッシュレス決済が急激に普及していますが，これも信用経済が未発達のためクレジットカードが普及できない中で，銀行預金残高に基づく銀行デビットカード決済から一気にスマホのアプリ決済に移行しています。

このように中国の経済発展は途中の経済段階を飛び越して最先端技術による経済社会を実現していますが，中国経済が抱えている本質的な国有企業改革，金融制度改革，社会保険制度改革，為替制度改革，証券市場改革，不動産市場改革等は，まだ改革の途上にあり旧来の伝統的経済社会と社会主義市場経済を色濃く反映しています。

中国の税制は，1954年の共産主義政権の確立とともに中華民国の旧税制が整

理統合され，主に流通税を中心として推移していましたが，文化大革命の混乱期を経て税制はほとんど消滅しました。

1978年の対外開放を機に税制改正が始まり，1980年代には，外資導入政策に合わせて合弁企業を優先する租税政策，沿海地域をはじめに発展させてその後に内陸部を経済発展させる沿海地域戦略による租税政策，輸出振興と先端技術の導入を重視する租税政策，生産型企業を重視する租税政策，第3次産業の門戸開放が重点となった租税政策によって中国税制は大きく転換しました。

1994年の税制改正では，このような外資導入政策による渉外税制と国内経済活性化による内国税制の統一が図られました。今日の増値税と個人所得税はこの時の税制改革によって内外統一されたものが原型となっています。

なお，個人所得税は一般大衆を直接の対象とする税金であったため，増税によって大衆の不満が爆発しないように絶えず減税政策が打ち出されており，2018年まで実質的な改正は行われていません。

2008年には中国の内資企業と外資企業の企業所得税の内外統一が図られるとともに，国際課税制度が本格的に導入されました。

中国国外に企業利益を移転する取引を取り締まる移転価格税制，中国国内に利益の源泉のある取引に課税する外国企業課税が整備されています。同時に，中国の増値税は生産者に課税することを重視した生産型増値税から日本と同じように消費者に課税することを重視した消費型増値税（消費税）に転換されました。

2018年には個人所得税が抜本的に改正されました。中国の個人所得税は課税所得別に課税する完全な分離課税制度でしたが，給与所得を中心とする総合所得課税が始まりました。

日本人の中国駐在員も2019年からこの総合課税が行われています。本書はこの個人所得税法の改正に関連するテーマも取り上げています。

このように中国の税制はその時代を反映する租税政策によって大きく変わってきましたが，租税政策はその時代の実際の経済社会も反映しています。

はじめに

　中国の経済社会は大きく変動していますが，中国企業や中国人の商慣習や特質はあまり変わっていないかもしれません。個人の所得に課税する個人所得税法を考えてみても，中国固有の社会保険，退職金や賞与の制度を前提として成り立っています。

　本書は，中国の増値税，企業所得税，個人所得税の具体的なテーマから中国固有の経済社会と商慣習の実態を見ていくことを主眼に置いています。逆に，これらの視点がなければ，中国の税務を理解することは困難になるかもしれません。

　本書では，中国税務はもちろんのこと中国の経済社会，商慣習についてなるべく平易な言葉で紹介するよう努めましたが，その目標に達したかどうかは読者の皆様のご判断にお任せしたいと思います。

　なお，個人所得税については，第10章から第14章で改正後の具体的な実務処理を紹介しています。本書の内容は2019年9月9日までに対外的に発表された税務法規に基づいています。

　最後に，本書の刊行と編集に多大なご尽力をいただいた中央経済社の牲川健志氏と関係者の皆様に厚く御礼を申し上げます。本書が，日本と中国の健全な経済関係の構築と専門分野の研究に役立つならば幸甚です。

　　令和元年9月10日

近 藤 義 雄

目次　最新　中国税務＆ビジネス

はじめに

第1章　中国固有の商慣習
──逆鞘利益返還取引と増値税

1　逆鞘利益返還取引の仕組み・13

2　逆鞘利益返還取引の税務問題・15

3　増値税の課税対象金額（価額外費用）・17

4　営業税廃止（増値税一本化）の貨物販売取引と役務提供取引への影響・20

Column ①　増値税のサービス課税・24

第2章　増値税専用発票
──インボイス方式とその実務慣習

1　中国の増値税事情・26

2　増値税の仕組み─その1「発票」・30

3　増値税の仕組み─その2「納税義務」・32

4　増値税の仕組み─その3「仕入税額控除と増値税専用発票」・33

5　増値税の仕組み─その4「増値税発票の偽造防止と発行のシステム」増値税偽造防止システム・38

Column ②　急増する増値税にまつわるシステム・41

Column ③　軽減税率導入で変わる日本の消費税・43

第3章　中国のeコマース
──第三者決済サービス

1　中国の電子決済サービス・46

2　第三者決済サービスと増値税・49

Column ④　第三者の決済サービス・53

Column ⑤　中国の電子決済を支えるネットワーク設備・53

第4章　越境電子商務
——爆買いとクロスボーダー e コマース

1　爆買いと輸入税・55

2　2019年からの越境電子商務・59

Column ⑥　直接郵便方式と保税区倉庫方式・63

第5章　中国不動産市場
——土地使用権と政府監視下の取引

1　中国の土地制度・65

2　中国の不動産取引事情・69

3　中国の中古住宅取引の商慣習と減免税政策・73

Column ⑦　中国の払下手続き・76

Column ⑧　中国外貨送金と対外支払税務の届出・76

第6章　配当とロイヤルティ
——日中間の配当課税と国外中資企業
とロイヤルティ

1　中国の配当課税・79

2　中国企業の海外上場と配当課税・81

3　ロイヤルティの課税・85

Column ⑨　日本の配当金課税・90

第7章	中国のサービス PE 課税
	——出向者と出張者

1　恒久的施設と事業所得・91

2　中国 PE 課税の歴史・92

3　サービス PE と出向者の課税問題・96

Column ⑩　租税条約の国連モデルと OECD モデル・102

第8章	民間融資の禁止
	——委託貸付金と外債と越境保証

1　中国独自に発展した資金借入方法—委託貸付金・104

2　中国子会社の外債管理・109

3　越境保証の外貨管理・111

4　利息と保証料の国際税務・113

第9章	発展途上国と先進国のはざまの中国移転価格税制
	——国連移転価格マニュアルと BEPS 報告書

1　中国移転価格税制の歴史・115

2　国連移転価格マニュアルが示す発展途上国としての中国の移転価格実務の論点・118

3　BEPS と中国移転価格税制・122

Column ⑪　2000年代の移転価格問題・126

Column ⑫　中国の移転価格算定方法・128

Column ⑬　BEPS の Action13と中国移転価格文書・129

目　次

第 10 章　2019年から大きく変わった中国の個人所得税
——居住者の区分の変更と総合所得課税の導入

1　個人所得税の改正・130

2　居住者と非居住者の区分・139

3　課税所得と国内外源泉所得・144

Column ⑭　中国の養老保険制度・149

第 11 章　新個人所得税法下の中国の源泉徴収と自己申告納付の仕組み

1　総合課税方式と分類課税方式・151

2　源泉徴収申告納付の方法・153

3　自己申告納付・159

第 12 章　給与所得者課税
——国内法による税額計算

1　住所のない個人の給与所得課税・165

2　賃金給与収入額の計算方法・168

3　住所のない個人が高級管理職である場合・171

4　賃金給与所得の税額計算・173

第 13 章　日中租税条約による給与所得者の税額計算

1　日中租税条約の歴史と制度・178

2　日中租税条約による賃金給与収入額の計算・182

3　その他の日中租税条約上の特典・185

4　設例による旧税法と新税法の税額比較・186

Column ⑮　日中租税条約と中国国内税法・196

Column ⑯　中国租税居住者身分証明書の新規定・197

第14章　中国の賞与，退職金，株式奨励所得への課税

1　賞与課税の仕組み・198

2　退職金課税の取扱い・201

3　ストック・オプション等の株式奨励所得の取扱い・204

Column ⑰　中国企業での退職・207

Column ⑱　株式奨励政策・208

索　　引・209

法令・通知等・216

第1章
中国固有の商慣習
―逆鞘利益返還取引と増値税

1 逆鞘利益返還取引の仕組み

　中国企業と初めて商取引を行う日本企業は，予想外の中国固有の商慣習，「平銷返利」（ピン・シャアオ・ファン・リ）に出くわすことになります。
　「平銷返利」は，適切な日本語訳がありませんので，ここではとりあえず「逆鞘利益返還」取引と意訳します。逆鞘とは売値が買値と同じか安いことで，利益返還とはその損失を補償するために利益を返還することです。

【図表1－1】

価格競争がもたらした「平銷」

　「平銷（ピン・シャアオ）」とは，例えば生産企業（メーカー）が商業企業（販売代理店等）に自社商品を販売するのに最終消費者価格と同額かまたはそれより高い価格で販売することをいいます。
　商業企業は同額で仕入れて同額で販売すれば，販売費用と管理費用と利益を回収できませんので，商品を販売すればするほど赤字となります。
　また，「平銷（ピン・シャアオ）」取引では，商品の仕入価格が販売価格より高くなる場合も多々あります。生産企業の指示する低い価格で販売し，その価格より高い価格で商品を仕入れなければならないので，商業企業は確実に売買

第1章　中国固有の商慣習

差損を発生することになります。

　通常の商取引では，安く仕入れて高く売るのが取引の基本ですので，このような「平鎖（ピン・シャアオ）」（逆鞘）取引には驚かされますが，中国ではこのような取引も一般的な商慣習として定着しています。

　なぜ，このような商慣習が普及したのかは明らかではありませんが，1980年代後半から1990年代の生産企業は国有企業（当時の国営企業）が主体となっており，市場がまだ整備されていないことから商業企業の力が弱く生産企業の力が圧倒的であったことと，中国国内の市場競争が商品の品質ではなく主に価格競争で市場シェアを獲得することに主眼があったことと関係しているのかもしれません。

いわゆるリベートとは異なる「返利」

　逆鞘利益返還取引の「利益返還」の中国語は「返利（ファン・リ）」という言葉です。この「返利（ファン・リ）」は一般的にはリベートと翻訳されているようですが，日本で言われているリベートとは明らかに異なるものです。

　日本のリベートは商品仕入取引の「仕入割戻」に含まれるもので，一定数量，一定金額以上の商品仕入を行った場合に，仕入先から金銭で割戻金額が支払われることをいいますが，この逆鞘利益返還取引では，生産企業は商業企業に逆鞘取引を強いる一方で，生産企業の利益の一部を別の形で商業企業に返還しており，商業企業はその返還利益で商品売買差額と販売管理費用と利益を確保します。

　利益返還行為は，生産企業が高い価格で商業企業に販売し，商業企業が低い価格で商品を販売した売買差損と販売管理費用と利益を補填するために利益を返還するもので，商品を一定数量，一定金額以上に仕入れることによって金銭が支払われるリベートとは明らかに異なるものです。

　この利益返還行為は，生産企業が代理店等の商業企業に販売を促進させるために行う商取引の1つであり販売促進費に似ていますが，その基本的な性格は生産企業が最終消費者価格の主導権を握っており生産企業の指定する価格で代理店等に販売させて，その売買差額損失等の補償額も生産企業が主導する形で

決定していることに特徴があります。

　生産企業はこのような販売取引を行うことによって，厳しい市場環境の中での価格競争で優位となります。国有企業が全盛だった時代にかなり安い販売価格で商品を販売して外資系企業との価格競争に打ち勝った理由の1つにこのような取引が行われていたことが関係しているのかもしれません。

今も生き続ける「平鎖返利」

　このような中国固有の商慣習は現在でも有効に生き続けています。1990年代の後半には，この取引は生産企業と商業企業との間だけではなく，生産企業と生産企業との間，商業企業と商業企業の間でも一般に行われるようになりました。

　逆鞘利益返還取引については，高値で商品を購入して安値で販売する代理店等はその売買差損等を補償する金額がいつどのような形で返還されるのかが最後まで分からないため，決算の最後の最後まで苦労することになります。

　生産企業が商業企業にその利益を返還する「返利（ファン・リ）」にはいくつかの方法がありました。最も一般的な方法は売買差損等を金銭で支払う方法ですが，1997年に税務の通達が出された時には，脱税と租税回避を目的とした平鎖返利が存在していたようです。

2　逆鞘利益返還取引の税務問題

　日本の国税庁にあたる中国の国家税務総局は，1997年10月31日に「逆鞘行為に増値税を課税する問題に関する通知」（国税発［1997］167号）を発布しました。

　この通知によると，当時の逆鞘利益の返還取引には，生産企業が利益返還資金を商業企業に出資する形で資金を回していた事例，生産企業の同一の商品または類似の商品を商業企業に無償で贈与していた事例，さらには商品を商業企業に現物出資の形で返還していた事例がありました。

　これらの現金の出資，商品の無償贈与，商品の現物出資の行為は，増値税（詳しい増値税の仕組みについては17ページ「3　増値税の課税対象金額（価額外費用）」をご覧ください）取引の基本的な証拠証憑である増値税専用発票

を発行することなく，その取引を会計帳簿に記録することもない簿外取引として行われていました。

つまり，取引の証拠である増値税専用発票を発行しないことにより取引を記録することなく簿外取引とすることにより増値税の課税を回避することができていました。

脱税行為が禁止された「平銷返利」

そこで，上述した通知では，脱税，租税回避を目的とする逆鞘利益返還行為に対して税務調査と増値税の管理を強化して脱税行為を厳しく取り締まるとしています。具体的には，現金，商品による有償の利益返還行為は正当な商取引として増値税を課税することになりました。

国税発［1997］167号の規定は，次のとおりです。

> 1997年1月1日からは，増値税の一般納税者は逆鞘行為であるかどうかに関係なく，貨物を購入して貨物の販売者から取得した各種形式の返還資金については，貨物を購入した時の増値税の税率で相殺すべき仕入税額を計算して，その取得した返還資金の当期の仕入税額で相殺する。

相殺すべき仕入税額の計算式は次のようになります。

当期に相殺すべき仕入税額＝当期に取得した返済資金×購入貨物に適用した増値税税率

なお，後述するようにこの計算式は2004年に一部修正が行われていますが，ここでは税務通知の意味するところを理解するため，当時の計算式を紹介しています。

この税務処理は，基本的に仕入金額とその仕入税額を修正することを規定したものです。例えば，生産企業が商品を100,000元で商業企業（販売代理店）に販売し，商業企業が80,000元で消費者に販売した後に，生産企業が30,000元の利益を商業企業に現金で返還したとします（図表1－2）。

【図表1-2】

(計算例)

　商業企業の増値税の計算は次のようになります。なお，貨物販売の増値税の税率は13％です（増値税率については第2章28ページ参照）。

> 商業企業の売上税額＝販売金額80,000元×税率13％＝10,400元
> 購入時の仕入税額＝購入金額100,000元×税率13％＝13,000元
> 当期に相殺すべき仕入税額＝返還資金30,000元×購入税率13％＝3,900元
> 商業企業の増値税の納付税額＝売上税額10,400元－（仕入税額13,000元－相殺すべき仕入税額3,900元）＝1,300元

　すなわち，商品を70,000元で仕入れて80,000元で販売したのと同じ結果となります。

> 仕入税額＝（購入金額100,000元－返還資金30,000元）×13％＝9,100元
> 納付税額＝売上税額10,400元－仕入税額9,100元＝1,300元

3　増値税の課税対象金額（価額外費用）

　上述した税務通知（国税発［1997］167号）では，利益の返還があった場合にはその取引が逆鞘取引かどうかに関係なく，すべて逆鞘利益返還取引として取り扱うという規定です（なお，この通知は現在でも全文有効な税務通知となっています）。その結果として，逆鞘ではない利益返還取引に対してもすべて逆鞘利益返還取引として処理しなければならないことになりました。

イニシアチブは，生産企業から商業企業へ

　2000年代に入ると中国の市場に変化が生じます。生産企業の優勢な地位が徐々に商業企業に移り始めたのです。大手の外資系スーパーが中国市場に参入

第1章　中国固有の商慣習

し始めたこともありますが，中国市場の発展に伴い昔ながらの卸売企業や百貨店等が商業上の優勢な地位を獲得するようになりました。

商業企業が発展し，商業企業が単なる貨物の販売取引だけではなく，市場の拡大に伴って商業サービスを提供してその対価を獲得するようになるにつれて新たな税務問題が生じました。貨物販売取引と商業サービスによる役務提供取引の区分問題です。

この区分問題がどういったものかを説明するためには，貨物販売取引における中国の増値税の仕組みを理解する必要がありますのでもう少しお付き合いください。

貨物販売取引についての増値税の課税対象

増値税の課税対象は，貨物の販売と加工と輸入の取引です。

貨物の販売代金，加工賃収入，輸入代金という貨物の販売額が増値税の課税対象となるのですが，中国の増値税では，増値税の課税対象となる販売額には購入者から受け取るすべての代金（価額）のほかに価額外費用も含まれます。ここが日本の消費税と異なります。

1997年当時の中国では増値税のほかに営業税という税金もありました。日本の消費税は資産の譲渡，資産の貸付，資産の輸入という資産の取引以外に役務の提供取引も課税対象と含めていますが，中国では1994年の税制改正で，貨物の販売と加工と輸入については増値税を課税し，役務の提供と無形資産の譲渡と不動産の販売については営業税を課税する税制となっていました。

1997年当時の増値税の実施細則では，増値税の価額外費用とは，価額外（代金以外）に購入者から受け取る手続料，補助手当，基金，資金調達費，返還利益，奨励費，違約金，包装費，包装物リース料，倉庫費，優良品質費，運輸荷卸費，代理回収金，立替金，その他の各種性質の価額外料金とされていました。

同じように，当時の営業税の実施細則では，営業税の価額外費用とは価額外に購入者から受け取る手続料，基金，資金調達費，代理回収金，立替金，その他の各種性質の価額外料金とされていました。

貨物の代金
価額外費用
　　手続料，補助手当，基金，資金調達費，返還利益　　　　　增値税の課税対象
　　奨励費，違約金，包装費，包装物リース料，倉庫費
　　優良品質費，運輸荷卸費，代理回収金，立替金等
役務収入
価額外費用　　　　　　　　　　　　　　　　　　　　　　　営業税の課税対象
　　手続料，基金，資金調達費，代理回収金，立替金等

　このように逆鞘利益返還取引の返還利益は価額外費用として増値税の課税対象金額であることが明記されており，営業税の価額外費用には返還利益は含まれていませんでした。

あらゆる価額外費用が増値税の対象に？

　このため，前述した税務通知（国税発［1997］167号）では，利益の返還があった場合にはその取引が逆鞘取引かどうかに関係なく，すべて逆鞘利益返還取引として取り扱うと規定していました。

　これらの価額外費用には，日本人になじみのない様々な費用が含まれています。例えば，補助手当，基金，返還利益，優良品質費，代理回収金，立替金，運輸荷造費等がなぜ増値税の課税対象となるのかは一般の日本人には理解することができないかもしれません。

　立替金，運輸荷卸費については，日本では貨物の代金以外にも一時的に立て替えた金額や運賃を実費精算費用として一緒に請求することがあります。しかし，日本の消費税では，貨物の販売代金には消費税を上乗せして請求しますが，実費精算費用としての立替金や運輸荷卸費等の費用については消費税を請求することはありません。

　これに対して中国の増値税では，貨物の代金（価額）以外の価額外費用である実費精算費用（立替金や運輸荷卸費）にも増値税が課税されます。このため一般的な商慣習として，実費精算費用は貨物代金やサービス代金と一緒に請求することはなく，別途，費用を負担する企業が直接に費用を支払う形で処理します。

第1章 中国固有の商慣習

　貨物やサービスの購入者が実費を直接支払うことにより，増値税を合理的に節税することができるからです。したがって，実務では立替金に相当するような出張旅費，食事代等の実費に相当するような補助手当，運賃等の金額については相手側に請求するのではなく，請求書から除外して相手先が直接の経費として精算するような工夫が必要となります。

　このような増値税の価額外費用の課税は，中国国内取引のみで発生するものではなく，中国国外から国内に貨物やサービスを販売する場合，さらには中国国外から国内に無形資産を提供する場合（特許権等のライセンスやノウハウの契約）にも同様に発生することに留意する必要があります。

　なお，増値税と営業税の価額外費用は2008年の税制改正で見直しが行われましたが，2017年の増値税の改正で営業税が廃止された時に，旧営業税の課税対象であったサービスの提供，無形資産と不動産の販売が改正後の増値税の課税対象となり，価額外費用についても増値税の価額外費用に一本化されて次のような内容となりました。

　価額外費用は，価額外に購入者から受け取る手続料，補助手当，基金，資金調達費，返還利益，奨励費，違約金，滞納金，期限延長支払利息，賠償金，代理回収金，立替金，包装費，包装物リース料，倉庫費，優良品質費，運輸荷卸費およびその他各種性質の価額外料金を含む。

4　営業税廃止（増値税一本化）の貨物販売取引と役務提供取引への影響

　増値税と営業税は，上記の2017年の増値税改正により一本化されて日本の消費税と同様に，貨物販売と役務提供取引等が増値税の課税対象となりました。

　改正後の増値税の課税対象は，貨物と加工役務（貨物役務ともいいます）の販売，サービスと無形資産と不動産の販売となっています。

　なお，前述した価額外費用もそのまま引き継がれていますので，貨物と加工役務，サービスと無形資産と不動産の販売のすべてについて価額外費用の課税が行われます。

営業税があった頃の税制

前述した税務通知(国税発［1997］167号)の当時は，サービス提供の対価は5％の税率でサービスの提供者が営業税を納税する税制となっていました。

営業税は，サービスの提供者，無形資産の譲渡者，不動産の販売者が営業税を自ら納税して負担する税制であり，増値税のように最終消費者が負担する売上税から購入時の仕入税を差し引いた税額を納付する増値税とは本質的に異なるものでした。

当時の営業税の課税対象には増値税の返還利益に類似した取引として，商業企業が貨物供給業者に一定の役務を提供する取引があり，その役務提供の見返りに商業企業が入場費，広告販売促進費，棚揃費用，展示費用，管理費等の対価を貨物供給業者から受け取っていました。

【図表1－3】

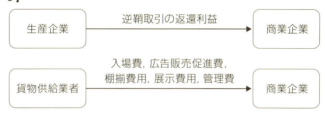

これは生産企業が商業企業より優勢な地位に立って最終販売価格を指定して逆鞘取引を行い，その利益を商業企業に返還するのとは全く逆の取引で，卸売企業，百貨店，スーパー，大規模小売店等の商業企業がその優勢な地位を利用して，生産企業や貨物供給業者から自己の販売市場に参加する際に入場費を獲得し，広告販売促進費，商品の棚揃え費用，展示費用，管理費等の負担を請求する取引です。

これらの費用の請求は，商業企業が一定の役務（サービス）を貨物供給業者等に提供することにより取得する収入ですので，当時の税制では商業企業が5％の営業税を自己負担することになり，増値税は課税されませんでした。

国家税務総局が2004年10月13日付で発布した「商業企業が貨物供給者から受け取る一部費用の流通税課税問題に関する通知」(国税発［2004］136号)では，逆鞘利益返還取引と商業企業の役務提供取引を次のように区分しました。なお，この通知も全文が現在有効となっています。

第1章　中国固有の商慣習

(1)　役務提供取引

商業企業が貨物供給業者から受け取る商品の販売数量と販売金額との必然的な関係がなく，商業企業が貨物供給業者に一定の役務を提供することによって取得する収入，例えば入場費，広告販売促進費，棚揃え費用，展示費用，管理費等は，逆鞘利益返還取引ではなく，増値税仕入税額を相殺しないで，営業税の税率で営業税を課税する。

(2)　逆鞘利益返還取引

商業企業が貨物供給業者から受け取る商品の販売数量と販売金額と連携する，例えば，一定の比率，金額，数量による返還収入は，逆鞘利益返還行為として仕入税額を相殺し，営業税は課税しない。

この通知により逆鞘利益返還取引に該当する場合の当期に相殺すべき仕入税額の計算式（16ページ）は次のように修正されました。

当期に相殺すべき仕入税額＝当期に取得した返済資金÷（1＋購入貨物に適用した増値税税率）×購入貨物に適用した増値税税率

前述した例示を使って計算すれば次のようになります。

例えば，生産企業が商品を100,000元で商業企業に販売し，商業企業が同額の80,000元で消費者に販売した後に，生産企業が30,000元の利益を商業企業に返還したとすれば，商業企業の増値税の計算は次のようになります（貨物販売の増値税税率は13％です）。

（計算例）

> 商業企業の売上税額＝販売金額80,000元×増値税税率13％＝10,400元
>
> 購入時の仕入税額＝購入金額100,000元×増値税税率13％＝13,000元
>
> 当期に相殺すべき仕入税額＝返還資金30,000元÷（1＋13％）×購入時の増値税税率13％＝3,451元
>
> 商業企業の納付税額＝売上税額10,400元－（仕入税額13,000元－相殺すべき仕入税額3,451元）＝851元

上記の計算式では，返還資金には増値税が含まれているものとして仕入金額の修正金額は，

> 返還資金30,000元÷(1＋13%)＝26,549元

とし，

> 30,000元－26,549元＝3,451元

が仕入税額と相殺すべき税額とされています。

　すなわち，商品を

> 100,000元－26,549元＝73,451元

で仕入れて80,000元で販売したのと同じ結果となります。

> 仕入税額＝(購入金額100,000元－返還資金26,549元)×13%＝9,549元
> 納付税額＝売上税額10,400元－仕入税額9,549元＝851元

　この通知の修正の意味は，すべての利益返還取引に増値税を課税するのではなく，逆鞘取引に該当する場合に増値税を課税するというものです。

　逆鞘取引に該当するかどうかは，商品の販売数量と販売金額と連携する一定比率，金額，数量に基づく返還利益かどうかで判定しますので，いわゆるリベートに類似した取引を増値税の課税対象とし，これらと必然的な関係のない役務提供，例えば入場費，広告販売促進費，棚揃え費用，展示費用，管理費等の収入は営業税の課税対象とされました。

　これらの当時の営業税の課税対象は現在の増値税の課税対象であるサービスの販売に含まれています。現在ではサービスの販売に対しては増値税の税率6％が課税されています。

商業企業は生産企業から増値税の専用発票を受け取ることができない

　なお，この通知では，商業企業が貨物供給業者から収入を受け取る時には増値税の専用発票を受け取ることができないと規定しています。

　なぜならば，上記の⑴役務提供取引に該当するのであれば営業税の課税対象であるので当然のことながら増値税専用発票を発行することはありえません。ただし，現在ではこの役務提供取引も増値税の課税対象に含まれていますので，商業企業が貨物供給業者にサービスを提供してその代金を受け取るときには増

第1章　中国固有の商慣習

値税専用発票を発行することができます。

また，上記の(2)逆鞘利益返還取引に該当するのであれば，仕入取引の減額修正になりますので増値税専用発票を発行することはありません。増値税専用発票は，相手先の取引業者に貨物等を販売してその代金を受け取る時にその販売先に発行するものですので，仕入先に発行することはないからです。

この通知が発布されるまでは，逆鞘利益返還取引で仕入先に増値税専用発票を発行した不正取引が存在していたようです。増値税専用発票は仕入税額控除に利用される発票であり利用価値がありますので，このような不正取引が発生したものと考えられます。増値税専用発票については「第2章　増値税専用発票─インボイス方式とその実務慣習」で詳しく解説します。

Column ①

増値税のサービス課税

　中国の増値税は1993年に制定された増値税暫定条例で，課税対象が貨物の販売，貨物の加工，貨物の輸入に限定されており，同じく1993年に制定された営業税暫定条例で，営業税の課税対象は，交通運輸業，建設業，金融保険業，郵便電気通信業，文化体育業，娯楽業，サービス業という業種別の役務提供と，無形資産の譲渡と不動産の販売とされていました。

　2012年1月から実験的に開始された営業税を増値税に転換する営改増実験改革によって，営業税の課税対象は徐々に増値税に編入されていき，2016年5月1日に残りのすべてが増値税の課税対象となりました。

　2016年5月1日以後の中国増値税は，貨物の販売と輸入，加工役務を課税対象とする増値税暫定条例と，営業税から増値税に編入されたサービス，無形資産，不動産の販売を課税対象とする営改増実験実施弁法の2つの基本法規によって構成されていました。

　2017年10月30日の国務院第191回常務会議の承認を得て，2017年11月19日に国務院令第691号が発布され，営業税暫定条例が正式に廃止されて増値税暫定条例が改正されました。

2017年改正後の増値税暫定条例では，増値税の納税者は中国国内において貨物または貨物役務（加工・修理整備役務）を販売する単位と個人，サービス・無形資産・不動産を販売する単位と個人，貨物を輸入する単位と個人とされました。

中国では，単位とは，企業，行政単位，事業単位，軍事単位，社会団体とその他の単位をいい，個人とは，個人事業者とその他の個人をいいます。

（2017年改正後の増値税の課税対象）

　　貨物と貨物（加工・修理整備）役務の販売

　　サービスの販売―交通運輸サービス，郵政サービス，電信サービス，建設サービス，金融サービス，現代サービス，生活サービス

　　無形資産の販売

　　不動産の販売

増値税の課税対象に含まれているサービスの販売には，交通運輸サービス，郵政サービス，電信サービス，建設サービス，金融サービス，現代サービス，生活サービスがあります。

現代サービスには，研究開発と技術サービス，情報技術サービス，文化相違サービス，物流補助サービス，リースサービス，鑑定証明コンサルタントサービス，放送放映サービス，商務補助サービス，その他のサービスという多種多様なサービスが含まれています。

前述したような商業企業の「入場費，広告販売促進費，棚揃え費用，展示費用，管理費等」のサービスは，現在の増値税の課税対象である現代サービスの中の文化創意サービス（広告，会議展示），物流補助サービス（荷卸荷揚運送，倉庫，集荷配達），商務補助サービス（企業管理，仲買代理，人力資源，安全保護），その他の現代サービスに該当するものと考えられます。現代サービスの増値税税率は6％が適用されています。

旧営業税のサービス課税と現在のサービス課税との基本的な相違は，旧営業税の納税者はサービス収入に営業税の税率5％を乗じた納税額を自分で負担して納税していましたが，現在の増値税のサービス販売者はサービスの販売価額に増値税の税率6％を乗じた売上税から，そのサービスの提供に要したコストの増値税支払額（仕入税）を差し引いた差額を増値税の納税額として納付することです。この仕入税額の控除のためには増値税専用発票を取得していなければなりません。

第1章　中国固有の商慣習

第2章

増値税専用発票
―インボイス方式とその実務慣習

1　中国の増値税事情

　第1章では，中国固有の商取引である「逆鞘利益返還取引」における税務問題への対応のため，税務当局は，現金，商品による有償の利益返還行為に増値税を課税することとしたことについて説明しました。

　本章では，この中国の「増値税」についてより詳しく見て行きたいと思います。

　日本の消費税が基本的に帳簿・請求書併用方式で，必要事項を記載した帳簿と請求書を併用する方式となっているのに対して，中国の増値税の仕入税額控除方式はインボイス方式（適格請求書等保存方式といいます）が採用されており，中国の増値税は，ある意味，完全なインボイス方式となっていますが，かなり面倒な手続と複雑なシステムの仕入税額控除となっています（日本の消費税の帳簿・請求書併用方式とインボイス方式については43ページ「**Column ③ 軽減税率導入で変わる日本の消費税**」をご参照ください）。

営業税を取り込んで拡大した増値税の対象範囲

　中国政府は1978年に国内経済の活性化政策と対外開放政策を打ち出し，1980年代には外資導入政策による渉外税制と国内経済活性化による内国税制の2本立てによる税制を進めてきましたが，外資系企業の重要性が高まると同時に中国企業の産業競争力も増加して内外税制による不公平課税の解消が重要な課題となりました。

　そこで，1993年にはこれらの内外税制の統一を図るため，それまで中国企業

に適用していた増値税，営業税，産品税，特別消費税等と，外資系企業に適用されていた工商統一税をすべて廃止して，新たに増値税，営業税，消費税の暫定条例を制定し，1994年から実施しています。このうち中国の消費税は，高額品（貴金属），奢侈品（酒，たばこ）等に課税する税金です。

　1993年に制定された増値税暫定条例と営業税暫定条例はそれまでの税制の歴史を踏まえて，貨物の販売，加工役務の販売，貨物の輸入は増値税の課税範囲とし，サービスの提供，無形資産の譲渡，不動産の販売は営業税の課税範囲としましたが，営業税には深刻な重複課税問題が内在していました。

　営業税は売上高に税率を乗じた税額を売り上げた企業が納付する税金です。

　例えば，建設会社，運輸会社，IT企業等の会社が下請会社に業務を委託し，その下請会社がさらに下請けに出した場合には，元請も下請けも孫請けもすべて営業税を自ら納付しなければならないことになり，過重な重複課税が発生します。これは営業税には増値税のような売上税から仕入税を控除する仕入税額控除制度がないため，仕入部分について何度も営業税が課税されることによるものです。

　また，増値税の納税者である製造会社がサービス会社に業務を委託した場合には，その製造会社はサービス会社が納税する営業税を自分の増値税から仕入税額控除することができませんでした。これは増値税と営業税の納税者間の重複課税問題でした。

　このように増値税と営業税が分かれていれば，中国のサービス産業発展の妨げとなることは明白でしたので，2011年10月26日の国務院の常務会議で現代サービス業の発展のために，2012年1月1日から上海市で営業税を増値税に改革する営改増実験改革が始まりました。

　2011年の上海市を皮切りにその後は営業税を増値税に編入する実験改革が中国全土で実施され，2016年には，営業税の課税対象はすべて増値税に組み込まれました。現在の増値税の課税対象は，貨物と加工役務の販売，サービス・無形資産・不動産の販売，貨物の輸入取引となっています。

　増値税の税率（徴収率）は，1993年の制定当時から現在に至るまで主に3回改正されています。初回は営業税が増値税に編入された営改増実験改革の段階的な過程でサービスの販売，無形資産の販売，不動産の販売の税率が随時，決

第2章　増値税専用発票

定されました。

　2回目は2018年3月28日に開催された国務院の常務会議で改正され，2018年5月1日から実施されています。3回目は，2019年3月5日に行われた中国全人代の政府活動報告で発表され，2019年4月1日から施行されています。

　2018年と2019年の増値税の税率引下げは，中国経済の落ち込みに対する景気刺激策（減税政策）によるものです。日本の消費税率の引上げ予定と好対照となっています。

■増値税の税率（徴収率）と税額計算

増値税の課税対象と税率	2018年4月30日まで	2018年5月1日から	2019年4月1日から
貨物の販売 役務（加工，修理整備役務） 有形動産リースサービス 貨物の輸入	17%	16%	13%
交通運輸，郵政，基礎電信，建設，不動産リースのサービス，不動産の販売，土地使用権の譲渡 下記の貨物の販売または輸入 穀物等農産品・食用植物由，食用塩 水道・暖房ガス・冷房ガス・熱水・石炭ガス・石油液化ガス・天然ガス・ジメチルエーテル・メタンガス・居住用石炭製品 図書・新聞・雑誌・音像製品・電子出版物 飼料・化学肥料・農薬・農機・農業用フィルム その他	11%	10%	9 %
上記以外のサービスの販売 無形資産の販売	6 %	6 %	6 %
貨物の輸出 越境課税行為 （サービスと無形資産の越境販売）	0 %	0 %	0 %
増値税の徴収率	3 %	3 %	3 %

増値税の税額計算
一般納税者は一般税額計算方法を適用する。 納付税額＝販売額×増値税の税率－仕入税額
小規模納税者は簡易税額計算方法を適用する。 納付税額＝販売額×増値税の徴収率

　増値税の納税者には，一般納税者と小規模納税者があります。年間課税販売額が500万元超の納税者は一般納税者としての登記が必要であり，年間課税販売額が500万元以下の納税者は小規模納税者になります。

　増値税の一般納税者は，販売額に増値税税率を乗じた売上税から支払った増値税の仕入税を控除した差額を納付しますが，小規模納税者は販売額に徴収率を乗じた税額を納付します。

小規模納税者の増値税納付税額＝販売額×徴収率

　ただし，小規模納税者であっても会計計算が健全で，確実な税務資料を提供できる場合には，主管税務機関に一般納税者の登記を行えば一般納税者となることができます。

増値税の納付税額の求め方

　増値税の一般納税者は，増値税専用発票（詳細は後記2-30ページ参照）を発行することができます（小規模納税者は原則として発行することができません）。

　この増値税専用発票が，増値税の納付税額を計算するときに仕入税額控除の証拠資料となります。

　一般納税者の増値税納付税額は次のように求められます。

一般納税者の増値税納付税額＝
　　売上税額（販売額×増値税税率）－仕入税額（購入額×増値税税率）

仕入税額控除における「小規模納税者不利」への手当

　小規模納税者は仕入税額控除に必要な増値税専用発票を発行することができないとともに，自らも仕入税額控除を行うことができません。したがって，仕

入税額控除を行いたい増値税の一般納税者は仕入先から小規模納税者を除外する傾向があり，小規模納税者は商取引で不利な立場となります。

　増値税専用発票を初めて規定した1993年の増値税暫定条例では，小規模納税者は増値税専用発票を発行できないとのみ定めていたのですが，翌年の1994年には小規模納税者が取引で不利にならないように税務機関が増値税専用発票を代理発行する措置を認めました。

　また，2016年以降に増値税の課税対象としてサービスの提供が含まれるようになると，宿泊，コンサルタント，建設，情報技術，リース，商務サービス，修理等の事業を営む小規模納税者から購入したサービスについて，一般納税者が仕入税額控除をできないとなると多大な影響を及ぼすことになるので，これらの小規模納税者については増値税専用発票を自分で発行できるような措置も認めています。

2　増値税の仕組み―その1「発票」

　現在の増値税暫定条例が制定された1993年以前の増値税では，発票は普通の発票だけであり専用発票はなく，控除する税額は実際に購入または生産に使用した貨物の数量に基づいて計算していました。

　中国で初めて発票の規定が制定されたのは，1986年に財政部が発布した「全国発票管理暫定弁法」です。当時は，偽造した発票を使用して脱税を行うことがかなり頻繁に行われていました。

　日本では信じられないことですが，当時の中国では偽造した虚偽の発票を使用して脱税を犯した納税者が逮捕されて死刑の判決を受ける事件が報道されていました。中国では一罰百戒の死刑をもって虚偽の発票による脱税を抑止しなければならないほど，深刻な状況にあったのです。

増値税の普通発票と専用発票の区分は1993年から

　1993年の増値税暫定条例の制定によって，増値税発票は普通発票と専用発票に区別されました。1993年には増値税専用発票使用規定が発布されて専用発票は納税者の経済活動の重要な証憑であり，一般納税者のみが専用発票を発行できること，普通発票を取得した場合には仕入税額控除ができないことが明記さ

れました。

　増値税の一般納税者は，消費者個人に販売する場合と増値税の免税規定を適用する場合には，増値税専用発票を発行することはできません。一般納税者または小規模納税者が増値税専用発票を発行できない場合には増値税の普通発票を発行します。

　また，1993年には発票管理弁法とその実施細則が発布され，普通発票と専用発票を発行するための税務局指定の専用機器の使用が強制されました。当時は手書きの発票であったため虚偽の発票が出回ったことを受けて，専用機器で発票を発行し印刷するように変更されたのです。

　1993年に中国はインボイス方式を正式に導入したといえるでしょう。

増値税発票は輸出税金還付の証拠

　ところで，増値税専用発票は中国国内の売上税額から仕入税額を控除するためだけに使用されるものではありません。企業が製品を海外に輸出した場合にその製品の生産に使用された原材料，部品等の仕入税額は，国内の売上税額から控除しきれない場合には税金の一部が還付されることになります。したがって，増値税の専用発票は輸出売上のかなり重要な税金還付の証拠資料でもありました。

　なお，日本では売上税額から仕入税額を控除した金額がマイナスになる場合はそのマイナス金額だけ消費税額の還付が行われますが，中国ではマイナス金額がそのまま税金還付されるわけではありません。国内販売については翌期に繰り越されて仕入税額控除が留保される税額，すなわち控除留保税額として繰り越されます。

　製品を海外に輸出販売した場合には，その製品を製造するために国内で仕入れた原材料，部品等の仕入税額と，その製品を製造するために海外から輸入した原材料，部品等の仕入税額が仕入税額控除の対象となりますが，仕入税額控除できなかった仕入税額についてはその全部ではなく，その一部が還付されることになります。

　中国では，国内仕入と輸入仕入の仕入税額の増値税税率と輸出製品の税金還付率が異なっており，仕入税額の税率より輸出還付率の方が低く設定されてい

ますので，仕入税額と輸出還付率の差額は税金還付されないで企業のコストになります。

　このように輸出税金還付の証拠資料には増値税専用発票（国内仕入）だけではなく，原材料，部品等を輸入した（輸入仕入）時に税関が発行する税関輸入増値税専用納付書等もあります。1996年頃から税関で発行した税収納付書と税務機関の輸出税金還付データについて電子情報による照合が行われています。

増値税専用発票のその後

　増値税専用発票に関しては，1993年の規定からこれまでに様々な改革が行われています。

　まず1997年に，虚偽の増値税専用発票を利用して脱税行為を行った者に対しては脱税金額の5倍の罰金を加算すること，仕入税額が売上税額より大きい場合は税金の還付を行わず，仕入税額をそのまま繰り越すことなどが規定されました。

　2011年には上海市から始まった営業税を増値税に転換する営改増実験改革に伴って，実験地域では従来の営業税の課税対象であるサービスの提供について営業税発票が増値税の専用発票と普通発票に統一されました。貨物運輸サービスについては貨物運輸専用発票が使用されています。

　2016年5月の営改増改革後の増値税発票には，「増値税発票管理新システム」を通して発行する増値税専用発票，増値税普通発票，機動車販売統一発票，増値税電子普通発票という4種類の増値税発票と，「増値税発票管理新システム」を通さないその他の増値税発票になりました。

　増値税の発票システムについては41ページ「**Column ②急進する増値税にまつわるシステム**」をご参照ください。

3　増値税の仕組み─その2「納税義務」

　増値税の納税義務の発生日は，「課税販売行為が発生した場合は，販売代金を受領した当日または販売代金を請求する根拠証憑を取得した当日」です。

　事前に発票を発行した場合は，発票を発行した当日に納税義務が発生します。また，貨物を輸入した場合は，輸入通関した当日が納税義務の発生日です。

このように，増値税の納税義務は販売代金の受領日が原則ですが，販売代金を受領する前に発票を発行した場合には，発票の発行日が納税義務の発生日となります。

納税義務と売上計上のタイミング

一般的には増値税の申告納税期限は，増値税の納税義務が発生した月の翌月15日以内です。したがって，増値税の一般納税者は納税資金を確保する観点から，販売代金を回収した月に売上計上することが普通です。

例えば，商品を出荷した時点，商品が相手先に到着した時点，相手先がその商品を検収した時点，または相手先が商品の販売代金を支払うことを承認した時点で売上計上した場合には，販売代金（納税資金）が回収されないままに，増値税では売上げとしてその課税販売行為に増値税の課税が行われてしまいます。納税資金を確保するためにも一般納税者は，販売代金を受領した月に売上計上を行うのが中国の商習慣となっています。

4　増値税の仕組み―その3「仕入税額控除と増値税専用発票」

増値税の一般納税者が増値税の仕入税額控除を行うために必要となる仕入税額控除の証憑には，増値税専用発票，税関が貨物の輸入時に発行する税関輸入増値税専用納付書，農産品の買付発票または販売発票，国外企業が増値税の源泉徴収課税を受けた時に税務機関または源泉徴収義務者が発行した納税証憑等があります。

増値税の一般納税者は，毎月の増値税の申告納付の時に仕入税額控除を行うために，これらの増値税専用発票等を取得し，毎月の増値税の申告納税の時に仕入リストと取得した増値税専用発票を電子データまたはその原本を提出します。

そうして，取引先の増値税専用発票の発行データと比較して問題がなければ，仕入税額控除を受けることができるのです。

第2章　増値税専用発票

【図表2－1】

発票発行主義がもたらす売上計上にかかる商慣習

　先述のとおり，増値税の一般納税者は仕入代金を支払う時には必ず増値税専用発票を取得します。したがって，商品またはサービスの提供による販売代金の回収と，仕入れた商品またはサービスの増値税専用発票の取得が同一の月に行われれば納税資金が確保されるとともに，仕入税額控除もできるため資金負担が発生しないことになります。

　このため中国では一般的に，仕入先から増値税専用発票を取得することが優先し，逆に販売代金を受領しない限り増値税専用発票を発行しないという商習慣が行われています。

　中国の財政部が発布している企業会計基準の収益認識基準より増値税の代金受領による売上計上の実務が優先して行われており，現金主義による売上計上処理，さらには発票発行主義による売上計上処理が一般的な商習慣として常態化しているのです。

　なお，中国財政部が発布している企業会計準則はすべての企業が順守しなければならない中国国内の会計基準です。

　中国の会計基準は1985年に会計法を制定して外資系企業の会計制度を一部導入し，1993年には中国企業が社会主義会計から資本主義会計に移行するための企業会計準則を制定しました。

　2006年には国際会計基準（IFRS）を本格的に導入した企業会計準則を制定しています。この企業会計準則には「企業会計準則第14号－収入」があり，企業の売上計上基準が国際会計基準に準拠して規定されています。

　すなわち，売上収入の認識基準は，
① 商品の所有権上の主要なリスクとベネフィット（経済価値）が買手に移転していること
② 売手が商品の継続的な管理権と有効な支配を行っていないこと

③　収入金額が信頼しうる程度に測定可能なこと

④　経済的利益が売手に流入しうること

⑤　コストが信頼しうる程度に測定可能なこと

の５つの収益認識要件があり，この要件をすべて満たした時に売上げを認識します。

　したがって，商品の出荷基準や輸出通関日基準等ではなく，①のように商品の主要なリスクと経済価値が買手に移転した時点，すなわち買手がその商品の所有権上のリストとベネフィットの移転を容認した時点，例えば，商品を受領し，検収し，売手に商品所有権のリスクとベネフィットが移転したことを買手に通知した時点で，売上げが実現するという会計処理が行われます。

　増値税の納税義務の発生時期はこのような企業会計準則の収益認識基準とはまったく異なるものですので，発票発行主義による売上計上基準は企業会計準則からは容認できません。しかしながら，中国ではこのような理論とかけ離れた実務が一般的に行われている状況があります。

　なお，「企業会計準則第14号－収入」は2017年に現在の国際会計基準「IFRS第15号－顧客との契約から生ずる収益」に準拠して改正され，国内外の上場会社には2018年１月１日から適用されています。

　日本企業の中国子会社等の非上場会社は2021年１月１日からの強制適用とされ，早期適用も推奨されています。

増値税専用発票の虚偽発行と中国の商慣習

　2014年７月２日付で国家税務総局は，「納税者が対外的に発行する増値税専用発票の関連問題に関する通知」（公告2014年第39号）を発布しました。

　この公告は，増値税の納税者が増値税専用発票を取得して仕入税額控除を行う時に，その根拠証憑として使用する増値税専用発票が虚偽発行されたものであるかどうかを判断する要件を示しています。

第2章　増値税専用発票

具体的には下記の3つの要件です。

① 課税行為の有無

　納税者から発票受領者である納税者に貨物を販売したことまたは増値税の課税役務，課税サービスを提供したこと

② 代金の受領

　納税者が発票受領者である納税者から貨物の販売，課税役務もしくは課税サービスの提供による代金を受け取ったことまたは販売代金を請求する根拠証憑を取得したこと

③ 専用発票の合法性

　納税者が発票受領者である納税者に規定に従って発行した増値税専用発票の関連内容が，販売した貨物，提供した課税役務または課税サービスと一致し，かつ当該増値税専用発票は納税者が合法的に取得し，かつ自己の名義で発行したものである場合

　この通知にある「納税者」とは，例えば仕入先企業であり，「発票受領者である納税者」とは，その仕入先から貨物，役務，サービスの提供を受けて仕入税額控除を行う企業です。

　また，①の要件は，仕入先から貨物の販売，課税役務，課税サービスの提供といった増値税の課税取引が実際に行われたかどうかで，増値税専用発票が正常に発行されたものか虚偽発行されたものかを判定するということです。

　②の要件は，仕入先が代金を受領したこと，または代金請求の根拠証憑を取得したかどうか，すなわち代金の受領等が実際に行われたかどうかにより，虚偽発行されたものかどうかを判定するということです。

　③の要件は，増値税専用発票の記載内容と実際の取引の内容が一致しているかどうか，そしてその増値税専用発票が仕入先によって合法的に取得され，仕入先の名義で発行されているかどうかによって，虚偽発行されたものであるかどうかを判定するということです。

　対外的に発行された増値税専用発票が上記の要件のすべてに該当する場合には，虚偽発行の増値税専用発票には該当しないものとして仕入税額控除を行うことができます。逆にこれら3つの要件のすべてに該当しない場合には，虚偽発行の増値税専用発票とみなされる可能性があります。

　さらに国家税務総局では，2014年7月8日に公告第39号の解釈を発表し，増

値税専用発票の虚偽発行にあたる次の3つの取引慣行を紹介しています。

⑴　先売後買取引

納税者が貨物販売の増値税専用発票を対外的に発行する場合には，納税者が貨物の所有権を保有していなければなりません。これには直接購入で貨物の所有権を取得する場合がありますが，「先に売って後で買う」方法で貨物の所有権を取得する場合もあります。

いわゆる「先に売って後で買う」とは，納税者が貨物を川下に販売するのが先で，川上から貨物を購入するのが後になる取引です。このような場合には，貨物の所有権を保有していなければ，貨物の販売を行った時に増値税専用発票を発行することはできません。

⑵　名義貸し取引

名義借人が名義貸人の名義で貨物の販売，課税役務，課税サービスの提供を行った場合には，名義貸人が納税者として増値税専用発票を発行します。この場合に，名義貸人が自ら貨物の販売，課税役務，課税サービスの提供を行った場合にも，名義貸人が納税者として増値税専用発票を発行します。

次に，名義借人が自分名義で貨物の販売，課税役務，課税サービスの提供を行った場合には，名義借人が納税者として増値税専用発票を発行します。ただし，この場合に名義貸人が増値税専用発票を発行した場合には，その増値税専用発票の発行は虚偽発行の可能性があるのです。

⑶　3要件と虚偽発行

公告第39号の解釈では，3つの要件のすべてに該当する場合に虚偽発行ではないことは明らかなのですが，そうではない場合に虚偽発行であると逆論で推定しているわけではないと解説しています。ただし，解釈の最後の例示では，次のように虚偽発行と判定しています。

例えば，ある正常な経営をしている研究開発企業が，顧客と研究開発契約を締結し，研究開発費用を受取り，増値税専用発票を発行したが，研究開発サービスはまだ発生していないかまたはまだ完成していない。このような場合においては，本公告が列挙している「発票受領者である納税者に貨物を販売した場合または増値税の課税役務，課税サービスを提供した場合」には成り得ないので，研究開発企業は増値税専用発票を虚偽発行したと判定する。

第2章　増値税専用発票

5　増値税の仕組み―その4「増値税発票の偽造防止と発行の システム」増値税偽造防止システム

　1999年には，増値税専用発票の偽造を防止するためのシステムが確立され，2000年からICカード等を使用したコンピュータによる増値税専用発票の認証が行われています。

　この増値税偽造防止システムでは，一般納税者である企業が税務機関の認定を受けて登記し，税務機関の指定業者から，金税カード，ICカード，カード読取機器，ソフトウェア等の専用設備を購入します。金税カードとは，コンピュータに挿入するカードで，暗号解読機能，大容量のデータストック機能，ICカードの読取インターフェイス機能を持つカードです。

　税務機関と企業はコンピュータ・システムにより繋がっており，企業はICカードに基づいて税務機関から電脳版専用発票を受領して購入します。税務機関は企業の提示資料とICカードの記録を照合して誤謬がなければ，企業のサブシステムを通して専用発票を発行することになります。

　企業はこのシステムを通さなければ専用発票を発行することはできず，システム外で手書きまたは電脳専用発票を勝手に発行することはできません。

　2003年には，税務機関の認証時間が多大な時間を要することから企業が手書きで作成した増値税専用発票等の電子データを税務機関に報告することも行われるようになりました。また，2003年7月からは北京等の30の直轄市と省では手書きの増値税専用発票は発行できないことになりました。

　企業は税務機関のシステムによる認証を受けて，認証不能，認証不一致，盗難専用発票となった場合にはその仕入税額は控除することができません。

　認証を受けるべき期限については2003年からは専用発票を発行してから90日以内に認証を受けなければその専用発票は無効とされていましたが，2009年には認証期限が180日以内に変更され，2017年からは360日以内とされました。360日を超えると専用発票を提出しても仕入税額控除はできません。控除不能となった税額は企業が自己負担することになります。

増値税発票新システム

　営改増改革の全面展開が行われた2016年5月1日からは，増値税の一般納税者が，貨物の販売，役務の提供，またはサービス，無形資産の販売を行った場合には，増値税発票管理新システムを通して増値税専用発票，増値税普通発票，機動車販売統一発票，増値税電子普通発票を発行することになりました。

　このうち，増値税電子普通発票は，コスト削減等のために紙質の専用発票を発行しない電子情報のみで発票処理を行うもので，電子商務，通信，宅配便，公用等の事業での使用が見込まれていました。

　なお，販売者（発票発行者）と購入者（発票受領者）が必要とすれば紙質の発票も発行することができました。

　これを受けて，それまで増値税発票照会プラットホームは省レベルの増値税発票選択確認プラットホームとして運用されていましたが，2017年1月1日からは増値税発票を取得した企業等と個人が，新システムが発行した増値税専用発票，増値税普通発票（巻票式普通発票を含む），機動車販売統一発票，増値税電子普通発票の発票情報について全国レベルの「全国増値税発票照会プラットホーム」に登録して照会（検証調査）できるようになりました。

　さらに，2018年1月1日からは，納税者が増値税発票管理新システムを通して増値税発票（増値税専用発票，増値税普通発票，増値税電子普通発票）を発行する時は，「商品およびサービス税収分類コード表」の貨物，役務，サービスの名称が対応するコード番号に従って自動で表示され，発票にプリントアウトされるようになりました。

　また，2018年4月1日からは，中古車取引市場，中古車販売企業，仲介機関と競売企業は増値税発票管理新システムを通して中古車販売統一発票を発行しなければならないこととなっています。

小規模納税者の専用発票発行

　2016年5月の新システムでは，増値税の小規模納税者については，増値税発管理新システムを通して，増値税普通発票，機動車販売統一発票，増値税電子普通発票を発行することができましたが，増値税専用発票は発行することはできませんでした。

第2章　増値税専用発票

　しかし，2016年8月1日からは全国91都市の宿泊業の小規模納税者が，月間販売額または四半期販売額が免税金額を超える場合には，宿泊サービスを提供し，貨物を販売またはその他の課税行為を行い，増値税専用発票を自分で発行する必要がある場合には，増値税発票管理新システムを通して増値税専用発票を自己発行することができるようになりました。

　なおこのときは，増値税専用発票1枚当たりの最高発行額は1万元を超えることはできませんでした。

増える小規模納税者の増値税専用発票の発行

　新システム以外では，小規模納税者が増値税専用発票を発行する必要がある場合には，税務局が増値税専用発票を代理発行することができました。

　国家税務総局は2017年12月に，小規模納税者の増値税専用発票の発行について新たに規定し，2018年2月1日から，月間販売額が3万元を超える（四半期販売額が9万元を超える）工業と情報伝達，ソフトウェアと情報技術サービス業の増値税小規模納税者に増値税課税行為が発生し，増値税専用発票の発行が必要な場合には，増値税発票管理新システムを通して自己発行できることとなりました。

　さらに，2019年3月1日から小規模納税者が増値税専用発票を自己発行する業務範囲は，宿泊業，鑑定証明コンサルタント業，建設業，工業，情報発信，ソフトウェアと情報技術サービス業から，リースと商務サービス，科学研究と技術サービス業，居住者サービス，修理とその他のサービス業まで拡大されました。

　これら8業種の小規模納税者（実験納税者）が増値税課税行為を発生し，増値税専用発票を発行する必要がある場合には，増値税発票管理新システムを自主的に使用して自己発行することができます。

Column

急進する増値税にまつわるシステム

　2011年に上海市から始まった，営業税を増値税に転換する実験改革により，増値税の税額控除システムは，性能のレベルアップが要求されたことと金税カード，ICカードに不具合があったことから，2014年8月から金税盤または税控盤という仕入税額控除のための専用発票電子情報を生成して税務局へ報告する機能を有する専用設備（ストーレッジ）に変更されました。

　2015年には増値税発票システムもレベルアップし，一般納税者が発行する増値税専用発票，貨物運輸業者が発行する貨物専用発票と普通発票，小規模納税者が発行する普通発票を発行できるようになりました。

　また，同年4月に国家税務総局は増値税発票システムのグレードアップ版を開発して中国全土で実施しました。このグレードアップ版は，当時の「増値税偽造防止税額控除システム」，「貨物運輸業増値税専用発票税額控除システム」，「税務調査システム」，「税務デジタル証書システム」等を統合したシステムです。

　納税者は税務デジタル証書により安全な認証を行い，発行した発票データの機密性を高めて，インターネットを通して税務局に電子情報を伝送して増値税発票の電子台帳を生成し，納税申告，発票データの検証，税源の管理，データ分析を行います。

　このグレードアップ版の端末専用設備は金税盤または税控盤であり，専用発票の発行等の機能のほかに税務局に電子データを自動的に伝送する機能も含まれています。

　納税者はグレードアップ版を通して，増値税専用発票，貨物運輸業増値税専用発票，増値税普通発票，機動車販売統一発票を発行することができました。なお，貨物運輸業専用発票は2016年6月まで使用されていましたが，2016年7月から増値税専用発票に切り換えられました。

　増値税の一般納税者（購入者）は，この増値税発票システムによって専用発票の発行データを取得して税務局とのインターネット通信を利用して

第2章　増値税専用発票

　専用発票リストを送信し，税務局は専用発票の発行者から自動的に送られてくる発票データと照合して仕入税額控除の認証手続を行います。認証手続で適格とされた場合にのみ増値税の仕入税額控除が認められます。

　2016年3月から，納税信用等級Aクラスの納税者については従来の紙質の増値税発票の読み取り（スキャンニング）による認証手続が廃止されて，納税者は所在地の省の増値税発票照会プラットホームに登録することによって，増値税発票情報の照会，商品とサービスコードの選択，発票情報の確認を行い，これによって仕入税額控除または輸出税金還付を行うことができるようになりました。

　また，増値税の仕入税額控除または輸出還付申告は，従来は専用発票の認証が完了した当月に行わなければなりませんが，この増値税発票照会プラットホームの運用に合わせて発票情報を確認した翌月の納税申告期限終了日の2日前まで延長されました。

　プラットホームを通した照会，選択，確認を行っていない発票情報については従来の増値税発票の読み取り（スキャンニング）方式による認証手続を行わなければなりません。このスキャンニングによる認証手続の廃止は2016年5月には納税信用等級Bクラスの納税者に，2016年12月からは納税信用等級Cクラスの納税者に，2019年3月からはすべての一般納税者に拡大されています。

　現在では，増値税の一般納税者は，増値税発票（増値税専用発票，機動車販売統一発票，道路通行料受取増値税電子普通発票）を取得した後に，増値税発票の選択認識プラットフォームを自主的に使用して照会し，仕入税額控除の申告，輸出税金還付または税金還付の代行処理に用いる増値税発票情報を選択することができますので，増値税発票のスキャニングによる認証手続は廃止されています。

Column

軽減税率導入で変わる日本の消費税

(1) 課税対象と税率

　日本の消費税は，日本国内において法人または個人事業者が事業として対価を得て行った資産の譲渡と貸付，役務提供について課税されます。

　資産には特許権，商標権等の無形資産も含まれます。また外国貨物を保税地域から引き取る輸入者も消費税の納税義務者になり，資産の譲渡と貸付，役務提供，貨物の輸入も日本の消費税の課税対象となります。

　消費税の税額計算は，課税期間中の課税売上高に消費税の税率を乗じた売上税額から，課税仕入高に消費税の税率を乗じた仕入税額を差し引いて計算します。

消費税の納付税額＝課税売上高×消費税税率－課税仕入高×消費税税率
　　　　　　　　＝売上税額－仕入税額

　課税期間は，原則として個人事業者の場合は暦年の1月1日から12月31日までの1年間で，法人の場合はその事業年度です。消費税の税率は次のとおりです。

■日本の消費税率

適用開始日 税率区分	2019年9月30日までの税率	2019年10月1日からの税率	
		標準税率	軽減税率
消費税率（国税）	6.3%	7.8%	6.24%
地方消費税率	1.7%	2.2%	1.76%
合計	8.0%	10.0%	8.0%

　ご存知のとおり，2019年10月1日から消費税の税率が8％から10％に引き上げられます。そしてこれに伴って，低所得者への配慮の観点から「酒類・外食を除く飲食料品」と「定期購読契約が締結された週2回以上発行される新聞」を対象に軽減税率が適用されます。

第2章　増値税専用発票

(2)　仕入税額控除の適用要件

　日本の消費税の仕入税額控除の適用要件としては，帳簿と請求書等の両方の保存が要件となる帳簿・請求書等保存方式と，2019年10月1日から実施される標準税率（10％）と軽減税率（8％）を区分経理して帳簿と請求書等に記載し保存する区分記載請求書等保存方式があります。さらには，2023年10月1日からは日本でもインボイス方式（適格請求書等保存方式といいます）が始まります。

■日本の消費税の仕入税額控除方式

課税期間	仕入税額控除の適用要件	区　　分
2019年9月30日まで	帳簿・請求書等保存方式	帳簿・請求書等併用方式
2023年9月30日まで	区分記載請求書等保存方式	
2023年10月1日から	適格請求書等保存方式	インボイス方式

帳簿・請求書等保存方式

　課税仕入れ等の事実を記載した帳簿と請求書等の両方を保存する方法。仕入税額控除の適用を受けるためには，課税仕入の事実を記載した帳簿の保存に加えて，請求書，領収書，納品書などの取引の事実を証明する書類も併せて保存する必要がある。

　具体的には，帳簿と請求書，納品書等または仕入明細書，仕入計算書等に，課税仕入の相手方の氏名または名称，課税仕入を行った年月日，課税仕入に係る資産または役務の内容，課税仕入に係る支払対価の額（税込み）の記載が必要。輸入貨物の許可書類を除いて消費税額の記載そのものは要求されていない。

区分記載請求書等保存方式

　取引を標準税率（10％）と軽減税率（8％）に区分して記帳し，その区分経理に対応した帳簿・請求書等の保存が要件となる区分記載請求書等保存方式。2019年10月1日から2023年9月30日までの，消費税の仕入税額控除を適用するために求められる方式で，帳簿・請求書等保存方式の記載事項に加えて，課税仕入が他の者から受けた軽減対象資産の譲渡等に係るものである場合には，その旨（軽減税率）の記載が必須となる。

　すなわち，帳簿では，税率の異なる取引毎に，相手方の氏名または名称，

取引を行った年月日，資産または役務の内容，支払対価の金額の記載が必要となる。区分記載請求書等の記載事項も同じであり，軽減対象資産の譲渡等に係る旨（軽減税率），軽減税率と標準税率で区分した上で合計した支払対価の金額（税込み）の記載を追加しなければならない。

適格請求書等保存方式

　適格請求書は，売手が買手に対して正確な適用税率や消費税額等を伝えるための手段であり，一定の事項（後述）が記載された請求書，納品書その他のこれらに類する書類のことで，適格請求書等保存方式では，帳簿と適格請求書の発行事業者として税務署長の登録を受けた課税事業者から交付を受けた適格請求書等の保存が，仕入税額控除の適用を受けるための要件となる。わが国では，2023年10月1日からは，複数税率に対応した仕入税額控除の方式として「適格請求書等保存方式」（日本のインボイス方式）が導入される。

　適格請求書を交付することができるのは適格請求書発行事業者に限られ，適格請求書発行事業者となるためには，税務署長に登録申請書を提出して登録を受ける必要があり，課税事業者でなければ登録を受けることはできない。

　適格請求書発行事業者は取引の相手方（課税事業者に限られる）の求めに応じて適格請求書を交付する義務があり，適格請求書の写しを保存する義務がある。

　適格請求書の記載事項は，適格請求書発行事業者の氏名または名称と登録番号，取引年月日，軽減対象品目である取引内容，税率区分による対価の金額（税抜きまたは税込み）と適用税率，消費税額，書類の交付を受ける事業者の氏名または名称。

　なお，不特定多数の者に対して販売等を行う小売業，飲食店業，タクシー等は，書類の交付を受ける者の氏名または名称を記載しない適格簡易請求書を発行することができる。

第 3 章

中国の e コマース
―第三者決済サービス

1　中国の電子決済サービス

QR コード決済の普及

　中国で，カードといえば銀行のデビットカードかプリペイドカードが主役でした。信用経済が十分に発達していなかったので信用供与のシステムが整備されておらず，クレジットカードはあまり普及しなかったからです。

　それが現在では，カード決済を飛び越えて，QR コードの読み取りをスマホで行うアプリ決済が主流となっています。

　このような QR コード決済が盛んになったのは人民元のお札が最大で100元（1 元＝約15円，2019年 8 月現在）までしかなく大量の現金の持ち歩きが大変だったことと，ボロボロの古いお札が出回っていたため，偽札が横行していたことが背景にあります。

　また，QR コード決済はユーザーの手数料が無料であり，電子マネーの残高に銀行預金の利息より高い利息も乗せることができ，オンラインショッピング以外の実店舗でも使用できます。こうしたことを背景に中国では電子決済サービスが急激に成長しました。

「支付宝」（ジーフーバオ）と「微信支付」（ウェイシンジーフー）

　中国の電子決済サービスの主役は，アリババグループの AliPay（アリペイ，中文で支付宝）とテンセント（騰訊）の WeChat Pay（ウィチャットペイ，中文で微信支付）です。

　これらの会社が行う電子決済サービスは中国国内の銀行預金口座と連携して

おり，銀行の口座番号と氏名，暗証番号を入力することにより銀行口座からアプリにチャージして電子マネーとしても利用することや，アプリを利用して銀行口座から直接支払うこと，アプリを持っている者の間で電子マネーを簡単に送金することもできます。

最近では，アプリ決済の支払履歴とアンケート回答のポイントで信用格付けも行うようになり，簡単な手続で借入を行うことができ，クレジットカードの機能も持っています。

中国国内ではこれらのアプリは，ほとんどすべての実店舗（百貨店，ショッピングセンター，スーパー，コンビニ，個人商店等）のほか，飛行機，鉄道，タクシー等の交通手段，ホテル，病院，公共料金等の支払に使用することができます。

逆に，中国国内の銀行預金口座または中国国外の中国銀行や中国工商銀行等の中国系銀行の預金口座を裏付けとして登録したアプリでなければ，中国国内で電子決済サービスが使用できません。中国に旅行や出張で来た外国人は，本国で発行された国際ブランドのクレジットカードがホテル以外では使用することができないことに驚く状況となっています。

このような状況になった背景には，次のような電子決済サービスの歴史があります。

非金融機関に開かれた決済サービスの仕組み

中国では，2010年8月まで一部の特別な例外を除いて金融機関しか資金の決済サービスを行うことができませんでしたが，2010年6月14日に中国人民銀行が発布した「非金融機関支払サービス管理弁法」（中国人民銀行令［2010］第2号，以下「管理弁法①」といいます）によって，金融機関以外の第三者（third party）が仲介機構として貨幣資金の決済サービス（中文で「支払服務」，ジーフフーウー）を提供できるようになりました。

この第三者（非金融機関）が行うことのできる決済サービスには，ネットワーク決済，プリペイドカードの発行と受理，銀行カードのアクワイアリング（英文の acquiring，中文で「収単」，ショウダン）が含まれています。これらの具体的な内容は53ページ「**Column ④第三者の決済サービス**」をご参照ください。

第3章 中国のeコマース

　なお，中国で，第三者（非金融機関）が決済サービスを提供する場合には，中国人民銀行の批准を受けて「支払業務許可証」を取得しなければなりません。

　また，管理弁法①を受けて，2013年7月5日には「銀行カードアクワィアリング業務管理弁法」（中国人民銀行公告2013年第9号）が発布されました。

　「銀行カードアクワィアリング業務管理弁法」によれば，顧客のために決済サービスを提供したい会社は，特約店の開拓と管理，業務とリスクの管理については管理弁法①に従って，アクワィアリング機構（支払機構）として行動しなければなりません。

　具体的には，アクワィアリング機構は，特約店と銀行カード受理協議書を締結して，特約店がその約定に従って銀行カードを受理して商品またはサービスを提供した後に，特約店のために取引資金の決済サービスを提供します。

　例えば，銀行口座で引き落とされた資金は，銀行カードの発行機構に支払われ，カード発行機構から資金を清算するクリアリング機構に支払われて，次にアクワィアリング機構に支払われて特約店に代金が支払われます（図表3－1参照）。

【図表3－1】

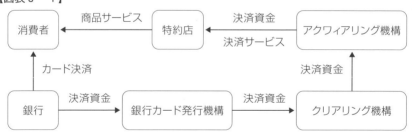

　このようにアクワィアリング機構は，特約店を開拓して特約店と銀行カードを受け付ける契約書を締結して，特約店のために取引資金の決済サービスを提供する会社になります。

　代表的な会社としては，中国銀聯グループの銀聯商務（Union pay），アリババグループの支付宝（Alipay），テンセント（騰訊）の微震支付（WeChat Pay）等があり，読者のみなさんも耳にしたことのある会社です。

　中国銀聯カードを例に取れば，銀聯商務が特約店を管理するアクワィアリング機構（支払機構）に該当し，銀聯加盟銀行がカード発行機構，中国銀聯がク

リアリング機構（清算機構）に該当します。なお，日本でカードといえば「クレジットカード」が一般的ですが，中国の銀行カードは「デビットカード」が主流であり，顧客の与信審査は必要とされていません。

なお，特約店には実体のある店舗の特約店と，公共のネットワーク情報システムにより商品またはサービスを提供するネット特約店（オンライン特約店）があります。

決済サービスは電子商取引へと拡大

2010年の管理弁法①に続いて，中国人民銀行は2015年12月に「非銀行支払機構ネットワーク支払業務管理弁法（中国人民銀行公告2015年第43号，以下，「管理弁法②」といいます）」を発布し，2016年7月1日から施行しました。

この管理弁法②によって，支払機構は顧客の銀行口座とは別の支払口座を顧客のために開設することができるようになりました。この支払口座は主に電子商務取引の資金収支と決済に使用されます。口座残高は本質的にプリペイドカードと類似のもので，顧客の身分確認のレベルに応じて，口座残高の限度額，支払用途（消費，振込，理財投資）が異なっています。

中国の電子決済ネットワークについては53ページ「**Column ⑤中国の電子決済を支えるネットワーク設備**」をご参照ください。

2　第三者決済サービスと増値税

ところで，これら第三者決済サービスは増値税の課税対象となります。増値税の税務処理はどのようになっているでしょうか。

第三者決済サービスは金融サービスに該当

中国の増値税の課税対象には金融サービスが含まれ，その税率は6％です。

金融サービスには，貸付サービス，直接費用徴求金融サービス，保険サービス，金融商品の譲渡があります（50ページ図表参照）。

第3章　中国のeコマース

■増値税が課税される金融サービス

貸付サービス	
直接費用徴求金融サービス	通貨兌換，口座管理，電子銀行，クレジットカード，信用状，財務保証，資産管理，信託管理，ファンド管理，金融取引所（プラットホーム）管理，資金決済，資金清算，金融支払等
保険サービス	
金融商品の譲渡等	

　第三者決済サービスは，これら金融サービスの直接費用徴求金融サービスの一部に該当します。

第三者決済サービスの増値税処理

　カード決済における税務処理について，国家税務総局は2つの税務公告を発布しています。1つはプリペイドカードの増値税の処理を取り扱った「営改増実験の若干の徴収管理問題に関する公告」（2016年8月18日，国家税務総局公告2016年第53号第3条と第4条）であり，もう1つは銀行カード決済の増値税の処理を取り扱った「営改増改革に関連する徴収管理をさらに明確にすることに関する公告」（2017年4月20日，国家税務総局公告2017年第11号第6条）です。

　2017年第11号公告第6条では，銀行カード決済の取引当事者として，カード発行機構（中文では発卡機構），清算機構（中文も清算機構），アクワィアリング機構（中文では収単機構，英語では acquiring institution）が登場します。

　例えば，カード発行機構は中国聯銀加盟銀行であり，清算機構は中国聯銀であり，アクワィアリング機構は支付宝（Alipay）や微震支付（WeChat Pay）が該当します。

　消費者の銀行口座から引き落とされた代金（資金）は各種の手数料を差し引きして，カード発行機構（銀聯加盟銀行）→清算機構（中国銀聯）→アクワィアリング機構→特約店の順に移転します（図表3-2参照）。

【図表3-2】

資金フローと増値税の会計処理は次のとおりになります。

■資金フローと増値税の処理

	カード発行機構 （銀聯加盟銀行）	清算機構 （中国銀聯）	アクウィアリング機構	特約店 （加盟店）
資金フロー				
資金入金額	1,000	995	993	990
カード発行銀行サービス料	△6			△6
ネットサービス料	+1	△2		△1
クリアランスサービス料			△3	△3
資金支払額	995	993	990	—
増値税の処理				
販売額	6	8	10	1,000
仕入控除額	△1	△6	△7	△10
差引	5	2	3	990

① 資金フローの例示

➤ 消費者（カード保有者）は特約店で銀行カードを用いて1,000元の支払（カード読取）をして1台のコーヒーメーカーを購入した。

➤ カード読取後に，カード発行機構（銀聯加盟銀行）はそのカード口座からコーヒーメーカーの代金全額1,000元を引き落とした。

第3章　中国のeコマース

➢カード発行機構はカード発行サービス料6元を受け取り，かつ清算機構（中国銀聯）にネットサービス料1元を支払う必要がある。したがって，カード発行機関は自身が実際に獲得する5元（6－1＝5）を差し引いた後に，残代金995元（1,000－5＝995）を清算機構に振り込んだ。

➢清算機構はアクワィアリング機構とカード発行機構から自身が受け取るべきネットサービス料（各1元）を差し引いた残代金993元（995－1－1＝993）をアクワィアリング機構に振り込んだ。

➢アクワィアリング機構は自身が実際に獲得するアクワィアリングサービス料3元を差し引いて残代金990元を特約店に振り込んだ。

➢特約店はコーヒーメーカーの販売額1,000元を獲得し，かつ10元の手数料を支払って，最終的に990元を受け取った。

②　増値税の会計処理

➢カード発行機構は6元を販売額とし，かつ清算機構に6元の増値税発票を発行する。同時に，清算機構から1元の増値税発票を請求取得して仕入税額控除に使用する。

➢清算機構は8元を販売額としかつカード発行機構に1元の増値税発票を発行し，アクワィアリング機構に7元の増値税発票を発行し，同時にカード発行機構から6元の増値税発票を請求取得して仕入税額控除に使用する。

➢アクワィアリング機構は特約店に10元の増値税発票を発行し，かつ清算機構から7元の増値税発票を請求取得して仕入税額控除に使用する。

➢なお，特約店は1,000元を販売額とし，10元を金融サービスの仕入控除とし，その他の商品原価と関連費用の仕入控除も行います。

　上記のように，移転する資金の金額とは関係なく，提供したサービス料の金額に基づいて販売額を計上し，仕入控除のために増値税発票を請求して取得します。

第三者の決済サービス

　第三者決済サービスには，下記のものがあります。
　1　ネットワーク決済
　2　プリペイドカード
　3　銀行カードのアクワィアリング
　ネットワーク決済には，通貨兌換，インターネット決済，モバイル決済，固定電話決済，デジタルテレビ決済等が含まれています。
　銀行カードのアクワィアリングとは，販売店のPOS端末やQRコード読取装置等を利用してその銀行カード特約店のネットワークを通して貨幣資金を代理受領することをいいます。

中国の電子決済を支えるネットワーク設備

　管理弁法①（本章47ページ）によって，支払機構は「支払業務許可証」を取得して，インターネット決済，モバイル決済，固定電話決済，デジタルテレビ決済等のネットワーク決済業務を処理する非銀行機構と定められました。
　管理弁法②の釈義では，ネットワーク決済業務は，

　「受取人または支払人がコンピュータ，モバイル端末等の電子設備を通して，公共ネットワーク情報システムにより支払指示をリモートで発信し，か

第3章　中国のeコマース

つ支払人の電子設備と受取人の特定専属設備が双方向（interactive）ではなく，支払機構が受取人と支払人のために貨幣資金の移転サービスを提供する活動」

とされています。

この定義にある「電子設備」はバックグランドシステムの支払業務と双方向でつながっているわけではありません。

したがって，例えば，モバイルのNFC（Near Field Communication,近距離無線通信）機能に基づく電子マネーとその消費取引はオフラインとなっています。

「受取人の特定専属設備」とは，取引の入金に専門的に用いられるもので，支払機構の業務システムと双方向で支払指示を生成し，伝送し，処理する設備です。これには伝統的なPOS端末の他にQRコード等を用いた新型受理設備があります。

新型受理設備では支払人の電子設備と双方向で処理するものもありますが，現状では支払人の電子設備と受取人の特定専属設備について双方向であることをネットワーク決済業務の要件とはしていません。

第4章

越境電子商務
―爆買いとクロスボーダー e コマース

1　爆買いと輸入税

中国人の爆買い

　2018年の訪日外国人総数は3,119万人となりました。このうち中国人の訪日人数も過去最高の838万人に達しています。過去6年間の中国人の訪日人数を出入国管理統計，日本政府観光局等のデータで見ると次のとおりです。

■訪日中国人数の推移　　　　　　　　　　　　　　　　　　（単位：万人）

年度	2013年	2014年	2015年	2016年	2017年	2018年
人数	131	241	499	637	736	838
前年比	92%	184%	207%	128%	116%	114%
観光客	70	175	424	554	645	―

　日本への訪日中国人の増加は2014年と2015年は前年比約2倍となっており，この2年間で急激に増加しています。

　このような日本への中国人観光客の増加は日本国内での爆買いという社会現象をもたらしました。もちろん，この爆買いには中国からの観光客によるものだけではなく，日本国内に居住する中国人によるものもありますので，訪日中国人の人数と爆買いが比例するわけではありませんが，その1つの要因になっています。

　なお，2016年からは次第に落ち着いた伸び率となっています。2018年の月別推移では2018年10月頃から若干の減少傾向も見られます。2014年と2015年の訪

第4章　越境電子商務

日中国人の急増と2016年，2018年の安定的な推移と直接の関係があるかどうか分かりませんが，中国では2016年と2018年に中国に持ち込まれる輸入商品の税金とその輸入手続について大きな変更を行っています。

中国の輸入税

中国に貨物や物品を輸入するときには，輸入関税と輸入増値税と輸入消費税の3つの税が課税されます。

輸入関税は関税条例でその税率が定められています。輸入増値税は，日本の消費税に相当する増値税ですが貨物を輸入するときに課税する税金です。輸入消費税は高額品，奢侈品，資源節約製品等に課税する税金であり，貨物を輸入するときに課税される消費税です（下記図表参照）。

■中国の課税消費品

高額品	貴金属アクセサリと宝石，化粧品，オートバイ，乗用車と商用車，自動車タイヤ，ゴルフクラブ等，高級時計，遊覧ボート等
奢侈品	たばこ，お酒
資源節約製品	ガソリン，ディーゼル油，航空燃料油，ナフタ油，溶剤油，潤滑油，燃料油

※これらの品を中国に持ち帰るときに輸入消費税が課税される。

個人の場合は輸入税

一般の輸入貨物についてはこれら3つの税金が課税されますが，個人が自己使用のために携帯して輸入する物品や郵送で輸入する物品等については，これら3つの税金に代えて輸入税が課税されます。

輸入税は行李と郵便物の税金で「行郵税」とも呼ばれており，一般の輸入貨物の輸入関税と輸入増値税と輸入消費税に比べて，入国物品として割安な税率と簡易な通関手続が行われていました。

■輸入貨物と入国物品

貨物区分	課税される税金	納税義務者
輸入貨物	輸入関税と輸入増値税と輸入消費税	輸入貨物の荷受人
入国物品	輸入税（行郵税）	物品を携帯する個人 物品を郵送で輸入する者 その他の輸入者

爆買いと輸入税の引き上げ

2016年までに急増した中国人による海外での爆買いに対処するため，中国政府は輸入税の税率を引き上げました。

輸入税の税率は，2016年4月7日までは10％，20％，30％，50％の4段階で税負担も比較的に軽いものでしたが，一般の輸入貨物と入国物品の税負担の公平性の確保と，海外での爆買いではなく中国国内消費を喚起するため，2016年4月8日から入国物品の輸入税率は高めに調整され，15％，30％，60％の3段階の税率となっています。

爆買いと小売輸入商品への政策

爆買いは海外だけで行われるものではありません。中国人が国内の通販事業者のプラットホームを通してB to Cの越境電子商務（Cross Border E-Commerce）を行う方法もあります。

このB to Cの越境電子商務の方式としては，直接郵便方式と保税区倉庫方式が確立されており，これらのB to Cの越境電子商務については，2016年まで税率の低い輸入税が課税されていました。

これはB to Cの直接郵便方式と保税区倉庫方式によって，B to Bの一般輸入貨物の貿易方式との租税負担の不公正性が存在していたことを意味します（詳しくは63ページ「Column ⑥直接郵便方式と保税区倉庫方式」をご参照ください）。

そのため，伝統的な国内産業の保護と国内消費の喚起と公平な競争を促進するものとして2016年4月8日から新たな越境電子商務としての小売輸入商品租税政策が開始されました。

第4章　越境電子商務

　まず，対象となる越境電子商務の小売輸入商品には，2016年4月6日付の「越境電子商務小売輸入商品リスト」で，食品飲料，服装，家庭用電化製品，化粧品，紙オムツ，玩具，ポットジャー等の1,142項目の商品がリストアップされています（当時の爆買い商品であった家庭用電化製品，化粧品，紙オムツ等が含まれています）。

　そして，小売輸入商品には，プラットホーム経由と電子商務企業（宅配企業，郵政企業）経由の2つのルートがありますが，これら小売輸入商品のB to C取引にもB to Bの一般輸入貨物と同様に輸入関税，輸入増値税，輸入消費税が課されることになりました。

　なお，小売輸入商品に該当しない入国物品には従来どおりの輸入税が課税されましたが，2016年当時の輸入税の免税額は50元と低いものでした。一方で，越境電子商務の小売輸入商品の輸入関税については，単一取引で2,000元，年間取引で20,000元までが免税とされています。

　このほか，越境電子商務の小売輸入商品は輸入増値税と輸入消費税が課税されましたが，暫定的に法定納付税額の70％に軽減されました。

　結果，このような優遇租税政策によって大部分の小売輸入商品の輸入税の総合税率は，輸入税と一般輸入貨物の総合税率より低くなり，越境電子商務の小売輸入商品は相対的に有利な商品となりました。

　爆買いによる入国物品と一般輸入貨物の税金よりe-commerce（越境電子商務）による小売輸入商品の税金を低く設定することにより，国内のe-commerceを発展させる政策を優先したのです。

広がる対象商品への優遇

　さらに，2016年の越境電子商務の小売輸入商品租税政策では，小売輸入商品リストの商品については，税関で輸入許可書類を提出することが免除されました。

　また，検査検疫の監督管理については，直接購入商品は検疫照合通関証が免除されますが，インターネット購入による保税商品については，中国国外から保税区に搬入される「一線」の段階では貨物別に検疫照合通関証が必要であり，保税区から一般地域に搬入される「二線」段階では，貨物検疫照合通関証は免除されました（保税区では輸出入通関業務を海外と保税区の間で行う通関を

「一線」といい，保税区と一般地域との間で行う仮通関を「二線」といいます）。

このような手続によって，保税区倉庫方式は，顧客から注文を受けて迅速に配送することが可能となりました。

2016年4月15日には「越境電子商務小売輸入商品リスト（第2回）」が発布され，医療機械，健康保険食品，特殊医学用途調合食品に関連する商品が追加されました。

ただし，2016年7月1日から，健康保険食品については国内での登録と届出管理が必要となり，乳幼児の粉ミルクと特殊医学用途調合食品についても国内の登録が必要となり，2018年1月1日からは登録証がなければ中国国内販売できないこととされました。このように，爆買いの一部対象商品については，規制が強化されて登録がなければ国内販売できないようになるという動きも出ています。

2　2019年からの越境電子商務

爆買いに待ったをかけた2018年の電子商務法

2018年8月31日に中国の全人代常務委員会は「中華人民共和国電子商務法」（電子商務法）を制定しました。

電子商務とは，インターネット等の情報ネットワークを通して商品を販売またはサービスを提供する経営活動です。

この電子商務法では，新たに電子商務経営者が定義されています。その定義は次のとおりです。

電子商務経営者の定義：インターネット等の情報ネットワークを通して商品を販売またはサービスを提供する経営活動に従事する自然人，法人，非法人組織。

すなわち，電子商務経営者には，電子商務において取引双方または複数当事者のためにネットワーク上の経営場所，取引のマッチング，情報の発信等のサービスを提供し，取引双方または複数当事者が取引活動を独立して展開することに供する法人または非法人組織である「電子商務プラットホーム経営者」と，電子商務プラットホームを通して商品を販売またはサービスを提供する

第4章　越境電子商務

「プラットホーム内経営者」，自ら建設したサイト・その他のサイトを通して商品を販売またはサービスを提供する者の3者が含まれます。

電子商務経営者—電子商務プラットホーム経営者
　　　　　　　　プラットホーム内経営者
　　　　　　　　自己建設のサイト等で商品販売・サービス提供する者

電子商務法では，電子商務経営者が順守すべき法的事項が数多く規定されています。

まず，電子商務経営者は，市場の主体者として登記しなければならず，行政許可の必要な経営活動を行う場合には，その行政許可証を取得して電子商務プラットホーム経営者に提示しなければなりません。

次に，電子商務経営者が商品を販売またはサービスを提供したときには，紙質の増値税発票または増値税電子発票等を発行しなければなりません。これらの増値税発票を発行できない者は電子商務を行うことはできません。

さらに，電子商務経営者は，そのホームページ上で営業許可証情報，その経営業務と関係する行政許可情報を公開しなければなりません。これには市場主体としての登記が必要とされないこと等の情報も含まれます。

電子商務プラットホーム経営者は，プラットホーム内経営者の身分，住所，連絡方法，行政許可等の真実の情報を要求して，審査と登記を行い，市場監督管理部門にその身分情報を報告して，市場主体登記を行っていない場合には法により登記させ，納税申告が必要な場合には納税情報を税務機関に報告し，市場主体登記の必要のない電子商務経営者には税務登記を行わせます。

この電子商務法は中国国内の電子商務に適用され，2019年1月1日から施行されています。電子商務法の施行で，それまで中国国外で爆買いを行ってきた中国人の個人事業者はその商売を続けることが困難になりました。

2019年の越境電子商務小売輸入政策

さらに2018年11月21日の中国の国務院常務会議では，越境電子商務の小売輸入商品租税政策について次の3つの事項が決定されました。

1) 越境電子商務の小売輸入監督管理政策の延長実施

　2016年に開始された越境電子商務の小売輸入商品政策を2019年1月1日以降も延長して実施する。

2) 越境電子商務総合試験区の適用都市拡大

　2019年1月1日から越境電子商務の小売輸入商品政策の適用範囲を従来の15都市に加えて22都市が追加され，越境電子商務総合試験区として37都市に拡大する。

3) 租税優遇政策の適用商品の増加と免税限度額の引き上げ

　2016年の小売輸入商品リストに新たに63件が追加され，免税限度額も単一取引の免税限度額は2,000元から5,000元に，個人の年間取引免税限度額は20,000元から26,000元に引き上げる。

　なお，2019年の越境電子商務の小売輸入商品租税政策では，本政策の対象となる取引は，中国国内の消費者が国内のプラットホーム（サイト）の経営者を通して国外から自己使用商品を購入することと，「ネット購入保税輸入」または「直接購入輸入」の2つの方法のうちいずれかを通して小売輸入商品を入国させて配送する消費行為とされています。

　「ネット購入保税輸入」は，越境電子商務のプラットホームを通して取引が行われ，税関の電子商務取引プラットホームで取引し，取引と決済と物流の3つの電子情報が比較照合できるものでなければなりません。

　「直接購入輸入」は，越境電子商務プラットホームを通さない取引ですが，輸出入宅配便運営者，郵政企業が関連の電子商務企業，決済企業の委託を引き受けて税関に取引，決済等の電子情報を送信できるものでなければなりません。

　これらの越境電子商務の小売輸入商品取引の当事者には，輸入経営者（越境電商企業），プラットホーム経営者（越境電商プラットホーム），国内サービス業者の3者があります。

第4章　越境電子商務

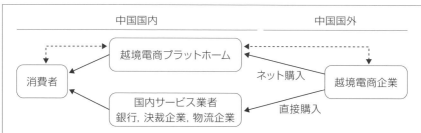

　輸入経営者（越境電商企業）：国外から国内消費者に越境電子商務輸入商品を販売する国外登記企業であり，商品の貨物所有権の保有者。

　越境電子商務第三者プラットホーム経営者（越境電商プラットホーム）：国内で工商登記を行い，消費者と越境電商企業の双方と取引するためにネット空間，仮想の経営場所，取引ルール，取引のマッチング，情報の発信等のサービスを提供し，情報ネットワークシステムを確立して提供する経営者。

　国内サービス業者：国内で工商登記し，越境電商企業の委託を受けてこれのために申告，決済，物流，倉庫等のサービスを提供し，相応の経営資格を有し，直接に税関に関係する決済，物流および倉庫情報を提供し，税関，市場監督管理部門の事後監督管理を引き受け，相応の責任を引き受ける主体。

　特に，国内サービス業者については，決済サービスを提供する銀行は「金融許可証」，銀行以外の決済機構は「支払業務許可証」を提出し，決済業務の範囲にはインターネット決済が含まれること，物流企業は国家郵政局が発布する宅配業務経営許可証の取得が必要とされています。

2019年の電子商務法と越境電子商務小売輸入政策の効果

　爆買いを行ってきた個人事業者は，2019年の電子商務法によって市場主体としての登記を行わなければプラットホーム経営者のサイトに登記することができなくなり，さらにその事業に関係する行政許可証を取得していなければ，サイトに登録することはできませんので，個人事業者はそれまでのビジネスを続けることができなくなりました。

　2019年の越境電子商務小売輸入政策によって，該当する小売輸入商品は自己使用目的に限定され，すでに購入した電子商務輸入商品が消費者個人の使用する最終商品に該当する場合は，国内市場に搬入して再度販売することはできなくなったのです。

また，インターネット購入による保税輸入商品は，保税区等の税関特殊監督管理区域外で「インターネット保税＋オフラインの自己引き渡し」モデルを展開することはできません。これはネット保税商品と一般貿易貨物を厳格に区分するため，ネット保税商品を保税区外の実店舗等で自ら引き渡してはならないとするものです。

　越境電子商務の小売輸入商品の購入者は身分証明の認証を受けなければなりません。身分証明を行うことができない者は，越境電子商務の小売輸入商品取引を行うことはできませんが，2019年からは，税関ネットワークとつながった電子商務取引プラットホームを通して取引するか，または税関ネットワークとつながってはいないが経営許可証を有する宅配企業，郵便企業を通して取引する以外には，越境電子商務の小売輸入業務を行うことはできなくなりました。

Column ⑥

直接郵便方式と保税区倉庫方式

　本章57ページにある直接郵便方式とは，中国人が中国国内通販事業者のプラットホームを通して直接に郵便で物品を輸入する方法です。

■BtoBの越境電子商務─直接郵便方式

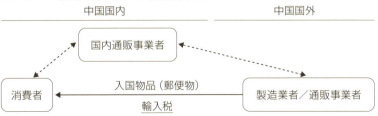

　また，保税区倉庫方式とは，中国国外のメーカーや通販事業者が物品を中国国内の保税区内倉庫に搬入しておき，国内通販事業者のプラットホームを通して中国人が注文した物品を小包郵便で直接輸入する方法です。

第4章 越境電子商務

■ B to C の越境電子商務—保税区倉庫方式

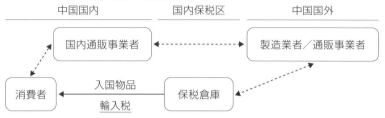

2016年当時はいずれも下記の一般輸入貨物よりも割安な輸入税が課されていました。

■ B to B の越境電子商務——一般輸入貨物の場合

第5章

中国不動産市場
―土地使用権と政府監視下の取引

1　中国の土地制度

私的所有はナシ，土地所有権と土地使用権はアリ

　中国は共産党が独裁的に支配する社会主義市場経済の国ですので土地の私的所有は認められていません。

　中国の土地管理法によれば，土地には**国有土地**と**集団土地**があります。

　国有土地は，都市の行政単位である市や区に属する土地または国有土地として指定された土地をいいます。

　集団土地は，農村と都市の郊外区の土地で，国有土地として指定されていない土地で，農民が集団で所有する土地とされています。

　このように中国の土地所有は国家所有と集団所有があるだけであり，私的所有はありません。

中国の物権法

　中国の物権法は不動産と動産に対する権利を定めた法律です。不動産と動産を直接的に支配し他者の権利を排除する物権には，**所有権**と**用益権**と**担保権**の3つがあります。このうち所有権と用益権について以下で説明します。

　(1)　所有権

　所有権には，国家所有，集団所有，私的所有の3つの所有権と建築物区分所有権があります。

65

第5章　中国不動産市場

国家所有	企業や個人は国家所有の不動産や動産に対して所有権を取得することはできません（全人民所有）。土地については，先述のとおり，中国の都市に所在する土地は国家所有となります。また，農村であっても法律が国家所有に属すると規定した土地も国家所有になります。
集団所有	集団所有という概念は昔の人民公社からきているので理解しにくいものがありますが，土地については，農村や都市の郊外で国家所有と指定されていない土地は農民の集団所有とされています。 土地が農民の集団所有である場合には，村集団経済組織または村民委員会が集団を代表して土地の所有権を行使します。郷または鎮という行政単位の郷鎮農民集団所有に属する土地は，郷鎮集団経済組織が集団を代表して土地の集団所有権を行使します。
私的所有	私人（個人）は，合法的な収入，建物，生活用品，生活手段，原材料等について私的所有権を有することができます。 土地について所有権を有することはできません。
建築物区分所有権	国家，集団，個人は，有限責任会社，株式有限責任会社等に不動産または動産を出資して企業を設立することができます。企業はその不動産に対して占有，使用，収益と処分の権利を有することができます。 建築物のオーナーは，建築物内の住宅，営業用建物等の専有部分に対して所有権を有し，専有部分以外の共有部分に対して共有と共同管理の権利があります。 専有部分に対する所有権とは，占有し，使用し，収益し，処分する権利をいいます。建築物が居住用住宅であれば，個人はオーナーから住宅の建築物区分所有権を購入することになります。

(2)　用益権

　次に用益権とは，その所有する物件を法により占有し，使用し，収益する権利をいいます。用益権には，土地請負経営権，建設用地使用権，宅基地使用権，地役権があります。

土地請負経営権	農民が集団所有するかまたは国家所有で農民が集団で使用する耕地，林地，草地等について植林業，林業，牧畜業等の経営を請け負う権利です。農民は集団所有する耕地，林地，草地等を占有し，使用し，収益することができます。

建設用地使用権	国家所有の土地について占有し，使用し，収益する権利です。その土地の上に建築物，構築物，付属施設を建設して利用する権利でもあります。この建設用地使用権のことを一般的に（国有）土地使用権と呼んでいます。
宅基地使用権	農村の村民が住宅，厨房・トイレ等の施設を建設する土地と庭の用地の使用権です。宅基地使用権は農民の集団所有土地の中の使用権であり，所有権ではありません。農村の村民は住宅等を建設した場合には，この宅基地使用権を取得しなければなりません。
地役権	地役権とは，契約に従って他人の不動産（中文では供役地）を利用して自己の不動産（中文では需役地）の便益を高める物権をいいます。地役権は原則として単独では譲渡，担保提供等を行うことはできず，土地請負経営権，建設用地使用権等に付随して一括して譲渡，担保提供等されます。

■中国の所有権と用益権

物　権	国有土地	集団土地	建築物・住宅
所有権	国家所有	集団所有	建築物区分所有権 住宅の私的所有
用益権	建設用地使用権 （土地使用権）	土地請負経営権 宅基地使用権	－

払下土地使用権と割当土地使用権

　上記の建設用地使用権（土地所有権）には，払下土地使用権と割当土地使用権の２つの土地使用権があります（払下げについては76ページ「**Column ⑦中国の払下手続き**」をご参照ください）。

　①　払下土地使用権

　払下土地使用権は，有償譲渡土地使用権ともいわれており，譲渡，リース，担保提供等することができる国有土地使用権です。

　払下土地使用権は，政府から有償で政府系土地開発公司に第１次の払下げをした後に，政府系土地開発公司から一般民間の不動産開発企業に転売されます。

第5章　中国不動産市場

② 割当土地使用権

割当土地使用権は，土地使用者が払下土地使用権以外の方法で法により取得した国有土地使用権です。

割当土地使用権は，その地方政府が行政上でその土地を使用する許可を与えただけの土地で，地方政府が都市建設または公共事業のために収用することができます。

割当土地使用権は財産権のない土地使用権ですので，行政上の都合により，いつでも土地は強制収用される可能性があります。割当土地使用権を払下土地使用権に変更する場合がありますが，この場合には政府に土地払下代金を支払わなければ，譲渡，リース，担保提供等することはできません。

土地使用に対する制限

外国投資企業（合弁企業，合作企業，外資企業）が土地使用権を取得する時には，払下国有土地使用権（中文で出譲土地使用権）かまたは割当土地使用権（中文で画撥国有土地使用権）を確認する必要があります。同時に，払下土地使用権については，土地の区画，用途，使用期限とその他の条件も事前に確認する必要があります。

払下土地使用権にはその用途別に下記のような使用期限が設定されています。

居住用地	70年
工業用地	50年
教育，科学技術，文化，衛生，体育用地	50年
商業，観光，娯楽用地	40年
総合またはその他の用地	50年

使用期限が満期になった場合

払下土地使用権の使用期限については，土地使用権が満期となった場合には，土地使用権とその地上建築物，その他の付属物の所有権も同時に国家が無償で取得することになりますので注意が必要です。

期限満了時に土地使用者は土地使用証を返還して規定により土地使用権の登記を抹消しなければなりません。

なお，土地使用権が満期となった場合に，土地使用者は期限延長を申請することができますが，それは一般的には満期前6か月（または180日）以内に申請書を提出して，法により契約を更新して締結し，土地代金を支払って土地管理部門に登記を行う必要があります。

中国の物権法では，住宅建設用地使用権の期間が満期となった場合は，自動期限延長するものとされています。

しかし，非住宅建設用地使用権の期間が満期となった後の期限延長は，法律規定により処理するとあります。さらに，関係法規では満期6か月前に期限延長を申請することとなっており，延長が承認されない場合には，期限満了となる可能性があります。

2　中国の不動産取引事情

住宅価格の高騰

2010年までの不動産バブルによって中国の住宅価格は急激に暴騰しました。

これを受けて2011年に中国政府は住宅価格を抑制する諸施策を発表し，各地方政府はそれぞれの地域の実情に応じて住宅価格を抑え込む政策を打ち出しています。

例えば，北京市では2011年2月から住宅は1棟しか購入できないという規制が実施されました。北京市内に居住している家庭は，住宅を購入する前に不動産仲介会社または中古住宅ネット締結サービスというインターネット上の受付サイトに，身分証明書の原本等を提出して家庭住宅購入申請表を提出しなければならなくなりました。

不動産仲介会社または中古住宅ネット締結サービスの受付サイトでは，提出された資料等の初歩的なチェックを行い，北京市政府が管理している不動産取引システムに購入認定情報を記録して保存します。

北京市政府の住宅都市郷建設部門は，その住宅購入資格について検討を行い，問題がなければ不動産購入契約のネット契約締結手続を行います。

ネット契約締結手続とは，売買当事者がその契約書の情報をインターネット上のサイトに登録して住宅購入資格等を検討する手続です。ネット契約締結手続が完了した後に，不動産仲介会社，中古住宅ネット締結サービスの受付サイ

トは，その登録情報に基づいて住宅の移転登記等の手続を行うことになります。

このように当初は住宅購入規制の一環として住宅購入資格をインターネット上で認定するものでしたが，同時に売買価格が適正か否かを検討する手段としてネット契約締結手続が行われました。

政策検証機能としての中古住宅取引サービス・プラットホーム

2011年7月からは，中古住宅取引サービス・プラットホームが利用されるようになりました。

このサービス・プラットホームはネット上で中古住宅の売買契約書の締結を情報処理するとともに，中古住宅の自己取引資金を地方政府が監督管理するための手段でもあります。中古住宅の取引当事者はサービス・プラットホームの監督管理口座を通して自己取引資金を振り込むことによって，資金の安全性を確保することになりました。

自己取引資金とは，中古住宅売買契約において約定した住宅の購入者が売却者に支払うローンを除いた全部の住宅購入資金のことをいいます。手付金もこの自己取引資金に含まれます。

2016年には，中古住宅取引サービス・プラットホームの売却側の手続が整備されています。不動産仲介会社を通して住宅を売却する場合は，住宅の所有者は不動産仲介会社に委託してネット上で住宅情報の照合検査を申請することができます。

不動産管理部門はこのプラットホームを通して住宅情報の照合検査を行い，不動産登記部門は登記簿等を根拠として検査を行い，不動産管理部門に不動産システムを通してフィードバックします。売却申請者は申請受理後10日以内に，北京市の住宅都市郷建設委員会のホームページで検査結果を照会することができます。

このような中古住宅取引サービス・プラットホームは中国全土で展開されており，現在では住宅の購入者と売却者は不動産仲介会社を通してプラットホームに申請表を提出して，住宅情報と取引当事者の適法性を確認したうえで売買を行わなければなりません。

ネット契約による管理

　先述のとおり，中国では，中古住宅の売買契約書は中古住宅取引サービス・プラットホームのネット上で契約を締結しなければなりません。

　この売買契約書も北京市住宅都市郷建設委員会がモデル契約を編集しておりこれに従った契約書を作成する必要があり，手付金の支払，譲渡代金の支払も指定銀行の監督管理口座を通して行われます。中国では不動産の売買契約書の条項を自由に記載することは難しくなっています。

　中古住宅の自己資金は，中古住宅取引サービス・プラットホームのネット締結契約における成約価格から住宅ローンを除外したすべての資金とされています。

　売買当事者が提供する個人口座は北京市管轄区域内の同一の銀行で開設したデビットカードまたは預金通帳が必要とされています。北京市住房都市郷建設委員会が中古住宅取引サービス・プラットホームを監督管理しており，このプラットホームを通して銀行口座の監督管理を行っています。

ネット締結価格と中古指導価格

　中古住宅取引サービス・プラットホームのような政府機関の監督管理下にあるサイトのネット上での売買契約の成約価格をネット締結価格といいます。

　このネット締結価格は不動産管理当局の要求する中古指導価格より低くなければなりません。これはもともとこのようなプラットホームが不動産価格の高騰を抑制するために確立されたシステムであることから自然な流れであるかもしれません。

　中古指導価格とは，不動産管理局が価格法に従って定めた基準価格とその変動幅のことです。中古指導価格は，地域別に，同一地域でも異なる小地域別に，同一の小地域でも異なる建物別に規定されています。指定された地域の範囲（例えば，第5環状線以内，第5環状線から第6環状線，第6環状線以外）ごとに決定された中古指導価格の単価とネット締結価格が総額以内であれば，普通住宅とみなされます。その単価と総額を超える場合には普通住宅以外とされます。

　中古住宅が普通住宅または普通住宅以外かによって増値税の減免税政策が異なったものとなっています。最新の増値税の減免税政策については後述します。

第5章　中国不動産市場

陰陽契約と税務申告価格

　北京市政府が2011年11月22日付で発布した「中古住宅取引の税収徴収管理業務を強化することに関する通知」（京財税［2011］418号）では，中古住宅のネット締結価格については「陰陽契約」が作成されている実務慣行が存在していることが指摘されています。

　「陰陽契約」とは，実際の取引価格に基づく売買契約書（陰の契約すなわち裏の実際契約）とネット上の締結価格として申請する売買契約書（陽の契約すなわち表に出す虚偽契約）です。実際，実務上は住宅管理局が発表している中古指導価格がネット締結価格として用いられている実情があります（先述71ページ）。

　このように中国では従来から「陰陽契約」が存在していたのですが，北京市の税務当局は，このような実務慣行を不動産仲介業者に対して禁止しました。

　すなわち，税務上の中古住宅の申告価格は，不動産専門の評価資格を有する不動産評価師が評価報告する評価価値を根拠とし，その評価価値が実際の取引価格に反映されなければならないとしました。まず初めに，中古住宅の取引両当事者は権利帰属の移転登記を申請する前に，法により，主体的，公平，信義の原則を遵守して，中古住宅売買契約をネット上で締結しかつ事実のとおり住宅取引価格を申告しなければならないとしています。

　この税務規定には，納税者が申告した中古住宅申告価格が中古住宅取引の評価価値に該当する場合は，その申告価格で税額を徴収することも定められています。

　申告価格が著しく低くかつ正当な理由がない場合は，評価価格を査定して税額を徴収するとし，正当な理由がある場合は申告価格で税額を徴収するとしていますが，課税価格を査定する場合は中古住宅取引価格の評価価値を参照して決定するものとしています。

　また，不動産仲介業者に対する管理，教育を実施しなければならないとし，不動産仲介機構が不動産仲介の規範と基準に違反して取引両当事者に「陰陽契約」の作成提出等の行為を誘導，協力，発見した場合には，関連する法律，法規の規定に従って，厳正に調査し処分すると規定しています。

ネットで納税

国家税務総局は2019年4月24日付で「不動産取引の税務処理方法の高度化に関する公告」（国家税務総局公告2019年第19号）を発布して，不動産取引の税務処理と納税をネット上で処理する方針を打ち出しました。

これは国務院が不動産登記時間の短縮を発表し，不動産取引で「ネットによる事前照合」，「1つの窓口による受理」，「業務の連携処理」の推進が提唱されたことによるものです。

今後は，各地の税務局が「ネット上の税務処理プラットホーム」を立ち上げて，納税者がネットを通して不動産取引関連資料を提出し，税務局がネット上で事前に関連資料の照合作業を行った後に納税者に納税処理を通知して納税させるか，またはすべてをネット上で処理して納税することを選択できるようになります。

納税者は不動産関連部署を何度も往復することなく，不動産取引，税務処理，不動産登記を一括して受け付ける総合窓口で必要な資料を重複することなく1回で提出することができます。

不動産を登記するには契税（登録税）の納税が必要ですが，これまでは税務局が契税を直接徴収して発行した納税領収書を納税者が不動産登記部門に自ら提出して不動産登記が行われていました。

今後は，納税者が不動産管理部門に関連資料を提出した後に，受理した不動産関連部門がその情報を共通のプラットホームを通してシステムに入力し，関連部署が同時に処理を並行することになります。

契税の納税も税務局の「ネット上の税務処理プラットホーム」を通して処理され，税務局が契税の納税状況を不動産登記部門にネット上で送信して不動産登記が行われるようになります。必要な場合には，受理機関である不動産管理部門が税務局の委託を受けて契税を代理徴収することも可能になります。

3 中国の中古住宅取引の商慣習と減免税政策

中国国内の不動産売買の慣習

外国人個人または外国企業が中国国内に所在する不動産を売却する場合に留意しなければならないことは，中国の不動産売買の商習慣として不動産の売却

に関係するすべての税金と登記費用は，売手である外国人が負担するのではなく，買手が実質的に負担する商習慣が存在することです。

すなわち中国では売手の税金と登記費用はその全額を買手が支払っていることを前提として交渉する必要があります。

日本とは真逆のこの商習慣には，日本人には戸惑いがあるところでしょう。

中国がこのような商習慣なのは，おそらく，中国国内の不動産売買では売手が納税して登記変更を行うことは期待できず，不動産の登記変更を行うためには事前に納税してその証明書が必要となることから，買手が自ら売手の納税すべき税金と登記費用を負担して納税して必要な費用を支払うことによって，不動産売買が成立可能となるということではないかと思われます。

なお，この商習慣は不文律なので地域によって異なる実務が存在することもあるかもしれません。

しかし，いずれにせよ，関連税金費用を買手にゆだねることはリスクが伴います。外国人個人または外国企業が中国不動産を売却する場合には不動産の譲渡代金から関連する税金費用を控除した残額を本国に送金する手続があるからです。

ちなみに，関連税金費用は売手である外国人個人または外国企業が自己申告納付することによって外貨送金を行うことができます（外貨送金手続については76ページ「**Column ⑧中国外貨送金と対外支払税務の届出**」をご参照ください）。

中古住宅にかかる税金と減免税政策

中古住宅に課される増値税については，一般地域と北京市，上海市，広州市，深圳市に区分して次のような減免税の規定があります。

一般地域に適用される個人購入住宅の減免税	• 個人が購入して2年以上の住宅を対外販売した場合には，増値税が免除されます • 個人が購入して2年未満の住宅を対外販売した場合には，全額に5％の徴収率を乗じて増値税を納付します。
北京市，上海市，広州市，深圳市に適用される減免税政策	• 個人が購入して2年以上の普通住宅を対外販売した場合には，増値税が免除されます。 • 個人が購入して2年以上の普通住宅以外を対外販売した

場合には，販売収入から住宅価額を減額した後の差額に
5％の徴収率で増値税を納付します。
• 個人が購入して2年未満の住宅を対外販売した場合には，
全額に5％の徴収率を乗じて増値税を納付します。

　また，中国では，不動産取引に関連して契税という税金が発生します。契税
は不動産の購入者が不動産を登記することにより納税義務が発生しますが，こ
の不動産登記が契約に従って実行されないことには不動産の売買が完了しませ
んので，売手である外国人はこの契税についてもその納税を確認しなければな
りません。
　財政部，国家税務総局，住宅都市郷鎮建設部が2016年2月17日付で発布した
「不動産取引段階の契税，営業税の優遇政策の調整に関する通知」（財税［2016］
23号）では，契税の優遇政策が次のように規定されています。

1　個人が購入した家庭で唯一の住宅（家庭構成員の範囲に住宅購入者，配
　偶者と未成年の子女を含む，以下，同じ）で，かつ面積が90平米以下の場
　合には，1％の軽減税率で契税を課税します。
2　個人が購入した家庭で唯一の住宅で，かつ面積が90平米超の場合には，
　1.5％の軽減税率で契税を課税します。
3　個人が購入した家庭の第2番目の改善性住宅で，かつ面積が90平米以下
　の場合には，1％の軽減税率で契税を課税します。
4　個人が購入した家庭の第2番目の改善性住宅で，かつ面積が90平米超の
　場合には，2％の軽減税率で契税を課税します。

　「家庭の第2番目の改善性住宅（セカンドハウス）」とは，すでに1つの住宅
を所有している家庭が家庭の第2番目の住宅を購入することをいいます。

第5章　中国不動産市場

 Column ⑦

中国の払下手続き

　払下げの手続では，工業，商業，観光，娯楽，住宅等の営業用の土地は，入札，競売等の公開競争価格で土地使用権の払下譲渡を行い，取引の当事者は書面による土地使用権の払下譲渡契約書を締結します。

　土地使用権を有する者は，その土地使用権を譲渡，交換，出資，贈与，抵当差入することができます。この場合には，その土地の上に付着する建築物，構築物，付属施設も一括して処分することになります。

　住宅建設用地の土地使用権は契約期間が満了した場合には，自動的に期限が延長されます。住宅以外の建設用地の土地使用権の契約期間が満了した場合には，関係する法律の規定に従います。

　その土地の上に存在する建物とその他の不動産は約定がある場合にはその約定に従いますが，約定がない場合または不明確な場合には，その土地使用権の期限満了とともにその上に存する建物等は引き渡すことになります。

 Column ⑧

中国外貨送金と対外支払税務の届出

　国家税務総局と国家外管理局は2013年7月9日付で「サービス貿易等（※1）の項目の対外支払税務届出に係る問題に関する公告」（国家税務総局，国家外貨管理局公告2013年第40号）を公布して，中国国内の企業等と個人が，中国国外に外貨送金を行う時の税務手続を改正しました。

改正後のサービス貿易等の外貨送金手続では，1件当たり5万米ドル相当以下の外貨送金は，外為指定銀行の取引証憑の審査は必要がなくなりましたが，1件当たり5万米ドル相当を超える外貨送金については，外為指定銀行が取引証憑を審査することになります。

つまり，中国国内の不動産の譲渡収入で1件当たり5万米ドルを超える収入については，税務機関に対外支払の税務届出を行う必要があります（※2）。

対外支払税務の届出では，その不動産の所在する税務機関に契約書，取引証憑の写しを提出して，「サービス貿易等項目対外支払税務届出表」を記載して届出します。

同一の契約で複数回にわたり対外支払いする場合は，届出人は毎回の外貨送金前に税務届出手続を行わなければなりませんが，初回の外貨送金届出時にのみ契約書（協議書）または関連する取引証憑の写しを提出するものとされています。

届出の申請を受けた主管税務局は，その場で納税事項の審査を行う必要はなく，届出表の通し番号を付して，1部をその場で届出人に返却し，1部を保存し，1部を翌月10日までに届出人の主管税務局に転送します。届出人は主管税務局の押印した届出表を持参して外為指定銀行で外貨送金の審査手続を行います。

主管税務局は，届出表を受理して15日以内に審査を行い，届出と実際の支払項目の一致，各種税金の納税状況，減免税申請の根拠等を審査します。

（※1）　サービス貿易等とは，中国国外の企業，会社等，個人が中国国内から取得する下記の収入をいいます。

①　サービス貿易

国外機構または個人が国内から取得する運輸，観光，通信，建設据付と役務請負，保険サービス，金融サービス，コンピュータと情報サービス，特許権利の使用と許諾，スポーツ文化と娯楽サービス，その他の商業サービス，政府サービス等のサービス貿易収入

②　収益と経常移転収入

国外個人の国内における勤務報酬，国外機構または個人が国内から取得する配当，利益分配，利益，直接債務の利息，保証料および資本移転以外の贈与，賠償，租税，一時所得等の収益と経常移転収入

第5章 中国不動産市場

③ 一部の資本項目

国外機構または個人が国内から取得するファイナンスリースのリース料,不動産の譲渡収入,持分譲渡所得および外国投資者のその他の合法所得

（※2） 国外への外貨送金金額は,不動産の譲渡総収入金額から関連税金費用を控除した金額とされています。

第6章

配当とロイヤルティ
―日中間の配当課税と国外中資企業と
ロイヤルティ

　本章では，中国の配当とロイヤルティへの源泉徴収課税をみてみます。日本と中国では税法が異なりますが，それ以上に実際のビジネスでは中国企業の実質を見ていく必要もあります。

　ここでは米国に上場した中国企業の配当課税と中国独自の事業構成の姿も紹介します。ロイヤルティの料率については中国固有の過去の経緯が存在します。

1　中国の配当課税

中国子会社の配当源泉課税

　中国の企業所得税法では，外国企業が中国子会社から配当を取得した場合には，その配当所得に対して10％の源泉税率で企業所得税が課税されます。

　配当所得は，その中国子会社が株主会または董事会で配当決議を行ったときに配当を受領する企業が配当収入を実現したものとして収益を認識することになりますが，配当に対する源泉徴収課税はその利益配当の決議日ではなく，配当が実際に支払われた日にその配当を支払う中国子会社に源泉徴収義務が発生します。

　配当の支払者である中国子会社は実際に支払いが行われた日から7日以内に源泉税額を税務機関に申告して納付することになります。

　なお，中国の企業所得税法では，中国の居住企業間で支払われる配当について源泉徴収課税は行いません。配当所得の源泉徴収課税は配当所得の受領者が非居住企業であることが前提となっています。

第6章　配当とロイヤルティ

居住企業と非居住企業

　企業所得税法でいう居住企業とは，法により中国国内において成立した企業，または外国（地域）の法律により成立したがその実際管理機構が中国国内に所在する企業をいいます。

　これに対して非居住企業とは，外国（地域）の法律により成立し，かつ実際管理機構が中国国内に所在しないが，中国国内に機構・場所を設立した企業，または中国国内に機構，場所を設立していないが中国国内に源泉のある所得を有する企業をいいます。

■居住企業と非居住企業

居住企業	①　中国国内法で成立した企業 ②　外国法で成立し，その実際管理機構が中国国内に所在する企業
非居住企業	①　外国法で成立し，その実際管理機構が中国国内に所在しないが，中国国内に機構・場所を設立した企業 ②　外国法で成立し，その実際管理機構が中国国内に所在しないで，中国国内に機構・場所を設立していないが，中国国内に源泉のある所得がある企業

　実際管理機構とは，企業の生産経営，人員，財務，財産等に対して実質的に全面的な管理と支配を行う機構をいいます。

　外国企業であってもその経営が実質的に中国国内で行われている場合には，居住企業として扱われます。

　下記のすべての条件に該当する機構が実際管理機構となります。

　1　企業の日常生産経営管理の運用を行う責任を負う高層管理人員とその高層管理部門が職責を履行する場所が主として中国国内に位置すること
　2　企業の財務政策（例えば，借入金，拠出金，融資，財務リスクの管理等）と人事決定政策（例えば，任命，招聘の解除と報酬等）が中国国内に設置されている機構または位置している人員によって決定されること，または中国国内の機構または人員の承認を得る必要があること
　3　企業の主要な財産，会計帳簿，会社印章，董事会と株主総会の議事録書類等が中国国内に設置されているかまたは保存されていること

4　企業の２分の１以上の投票権を有する董事または高層管理人員が常時中国国内に居住すること

配当源泉税の暫定不課税政策

2018年９月29日付で，中国の財政部，国家発展改革委員会，商務部から「国外投資者の分配利益による直接投資の源泉所得税暫定不課税政策の適用範囲を拡大することに関する通知」（財税［2018］102号）が発布され，2018年１月１日から配当源泉税の暫定不課税政策が実施されています。

この暫定不課税政策により，中国国外の投資者が中国国内の居住企業から分配された配当・利益分配を中国国内に直接投資した場合には，その配当の源泉税（10％）は投資を回収するまで暫定的に課税されません。

暫定不課税政策の適用範囲は外国投資禁止項目以外のすべての投資項目です。

直接投資の適用要件は，

① 増資・新規設立・持分買収等の持分性投資行為（上場会社持分を除く）であること

② 配当等が持分性投資収益であること

③ 投資が直接投資行為であること

です。

暫定不課税政策は源泉税の実際納付日から３年以内に追加申請すれば，源泉税の還付を受けることができます。

持分譲渡，買戻し，清算等により直接投資を回収した場合には，回収日から７日以内に繰り延べた源泉税の申告納付が必要となります。

2　中国企業の海外上場と配当課税

海外上場は，国外中資企業で

中国企業が海外で上場する場合には，香港，ケイマン諸島等のタックスヘイブン諸国に親会社を設立して，その親会社を海外で上場させるのが一般的です。

この場合，中国子会社に実質的な本社，支店，工場等があり，海外親会社が中国子会社を連結した連結財務諸表を海外の証券取引所で開示する形をとっています。

第6章　配当とロイヤルティ

　このような海外上場では香港，タックスヘイブン諸国に設立された親会社は多くはペーパーカンパニーで，その実際管理機構すなわち実質的に経営管理を行っている場所は中国国内になります。中国の企業所得税法では，このような海外親会社は中国国内に実際管理機構がありますので中国居住企業となります。

　海外親会社が居住企業となり，中国子会社も居住企業であれば，この親子間で支払われる配当は居住企業間の配当に該当しますので，中国子会社が支払う配当は免税収入として中国では源泉徴収課税は行われません。

　中国では，このような親子間の支配関係を持つ海外企業を「国外中資企業」（または「非国内登録居住企業」）といいます。国外中資企業は，中国国外で登録し，中国国内の企業または企業集団が主要な支配投資者として，国外において外国の法律によって設立した企業のことです。

【図表6－1】

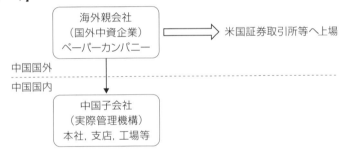

国外中資企業への配当課税

　国外中資企業（海外親会社）が中国子会社から取得する配当所得は，居住企業間の配当収入となるので免税とされます。

　国外中資企業がその配当を株主に配当した場合には，その株主が居住企業であれば同じく免税収入となりますが，その株主が非居住企業である場合には，源泉徴収課税が行われます。

国外中資企業と内資企業の関係

　国外中資企業の海外上場については，税務の問題とは別に中国固有の事業上と会計上の問題があります。それは国外中資企業の海外上場と密接に関係する

問題です。本章ではこのことについても解説します。

　先述のとおり，中国企業が海外上場する時は，一般的に海外親会社を設立して，その海外親会社を米国等の証券取引所に上場させますが，中国企業の従事する産業が外国投資の規制業種である場合には，外資（海外親会社）が出資する外国独資企業（外資100％による中国子会社）は規制事業を行うことができません。

　一方で，内資企業であれば外国投資の規制対象とはならないことから，インターネット，エネルギー，鉄鋼，食品，不動産等の外国投資規制業種の中国企業が海外上場するためには，海外親会社の中国子会社として外国独資企業以外の内資企業の存在が不可欠となっています。

海外親会社が受ける変動持分基準

　また，上場の目的を達成するためには，この規制業種に従事する内資企業は，外国独資企業の連結子会社となる必要があります。

　内資企業は，一般的に創業者等が個人で設立しますが，その内資企業は外国投資企業（中国子会社）と契約を締結して外国独資企業の連結子会社になります。

　ここで，米国の連結基準には，連結親会社は連結子会社の議決権の過半数を取得している議決権基準のほかに，変動持分の過半数を取得していなければならないという変動持分基準があります。

　変動持分とは，契約上，所有権上，その他の金銭関係上の権利（持分）をいいます。変動持分事業体（Variable Interest Entities）とは，その事業体の純資産の公正価値の過半数を変動持分によって取得されている事業体であり，その事業体から利益または損失を獲得または負担している受益者が連結企業になります。

第6章　配当とロイヤルティ

【図表6-2】
変動持分事業体

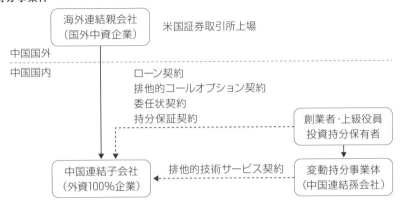

変動持分事業体の活躍？

このような変動持分事業体を活用して米国上場している中国企業には，アリババ，テンセント等の米国上場企業があります。

変動持分事業体（VIE）は出資関係ではなく，様々な契約関係で強力な支配関係が成り立つ事業体であり，中国国内法から見れば明確な法的裏付けのない共産党支配化で実行可能な事業形態です。

中国のインターネット・コンテンツ・プロバイダー（ICP）を含む付加価値電信サービス事業では，外資の出資割合は50％を超えることは認められていませんが，中国公民である創業者とその上級役員が内資企業等の「変動持分事業体」を設立し，外資の参入が規制されている事業のライセンスを「変動持分事業体」（中国連結孫会社）が取得することができます。

この会社では，外資企業である中国連結子会社，その持分保有者である創業者との間で契約（ローン契約，排他的コールオプション契約，委任状契約，持分保証契約）を締結して，中国連結子会社と「変動持分事業体」の共同事業によって電子商取引を運営しています。

3　ロイヤルティの課税

ロイヤルティの料率と有効期間に関する中国国内の過去の経緯

　中国が1978年に対外開放政策を打ち出して外資を導入し，中国国内に合弁企業が設立されるようになった時に，中国側合弁当事者は外国側合弁当事者に資金と設備と技術を持ってくるように交渉しました。それ以来，外国側合弁当事者は資金と設備を資本金として出資し，技術については合弁企業と技術移転契約を締結しました。

　中国が対外開放政策を打ち出した1978年当時は，合弁企業の設立認可と技術移転契約の契約認可の両方とも，旧対外貿易経済合作部（現在の商務部）が権限を持っていました。

　その後，1990年1月22日に旧対外貿易経済合作部が発布した「技術導入契約の締結と審査批准の指導原則」では，ランニングロイヤルティの料率はその製品の純売上高の5％を超えることはできないと規定されました。

　この指導原則は当時の実務に基づいて規定された内規でしたが，その後に廃止された後でも暗黙の了解事項としてその後の技術移転契約に影響を与えていました。

　このように中国ではロイヤルティ契約は企業設立の認可機関の批准を要する契約として，そのロイヤルティ料率は5％以内でなければ審査批准されなかった実務慣習がありました。

　また，当時の内規では，ロイヤルティと関係する製品の商標使用料の合計料率も5％以内とされており，例えばロイヤルティの料率が3％であれば，関連する商標使用料は2％以内という実務慣習もあったようです。

　現在ではこれらの内規は実施されていないと考えられますが，その後の中国国内におけるロイヤルティ料率に多大な影響を及ぼしていると考えられます

発明特許は20年，外観設計特許は10年の保護

　中国の特許権関連の法律では特許権の保護期間について次のように規定しています。中国特許法による特許権の有効期間は，発明特許は20年，実用新案型特許と外観設計特許は10年とされています。

第6章 配当とロイヤルティ

また，現在では廃止されましたが過去の投資関連法規では，商標，商号の使用許諾契約，技術譲渡契約による費用についてその計上年度は10年以内とする規定もありました。さらに，中国の技術輸出入管理条例では，技術輸入契約の有効期限内に技術を改造した成果は改造者に帰属するとの規定もあります。

中国の移転価格実務に関連するロイヤルティの取扱い

中国の国家税務総局は，2012年10月に国連が発表した「発展途上国のための移転価格実務マニュアル（草案）」で，中国の移転価格実務をはじめて海外に紹介しました。この草案の内容はほとんど修正されることなく，国連が2013年10月に発表した「発展途上国のための移転価格実務マニュアル」第10章でブラジル，インド，南アフリカとともに，発展途上国の立場に立った移転価格実務として紹介しています。

この国連の「国連移転価格実務マニュアル」第10章（中国実務）では，中国の移転価格実務に関連するロイヤルティの料率とその有効期間について，次のような記述があります。

「例えば，中国関連会社が中国事業を設立した10年前の2002年に製造工程を利用するために3％のロイヤルティを課せられたとしたならば，10年が過ぎて同じ価値を提供し続けているかどうかを見直すことなく，2012年に中国関連会社が同じロイヤルティを支払い続けていることは合理的ではないかもしれない。このことは，特に，中国関連会社が親会社から提供された製造工程を改善して試行錯誤を通じて10年間に渡って製造活動を行っているケースに当てはまることである。我々は，中国関連会社が製造工程について親会社にロイヤルティを支払い続けるべきであるか，または，中国関連会社は彼らが開発したそしてグループ会社と共有している無形資産のリターン（報酬）について権利を持つべきではないかとの疑義を持っている」

この記述の例示では，ロイヤルティの料率は3％であり，10年間を過ぎたらそのロイヤルティは支払う必要がないとされています。これは例示として示されているだけですが，中国の過去の実務経験を踏まえた議論が展開されています。

ロイヤルティの源泉徴収課税は10%

中国の企業所得税法では，非居住企業が中国国内に機構・場所（恒久的施設）を設立していない場合または設立していても中国国内に源泉のある所得がその機構・場所と実質的に関係がない場合に，非居住企業が居住企業から取得した特許権使用料収入（ロイヤルティ，ライセンスフイー，ノウハウフイーともいいます）については10％の源泉税率で企業所得税が課税されます。

特許権使用料収入とは，企業が特許権・工業所有権，非特許技術，商標権，著作権およびその他のライセンスの使用権を提供して取得する収入です。

非居住企業が居住企業から特許権使用料収入を取得した場合には，その所得の支払者である居住企業が源泉徴収義務者となり，10％の企業所得税を控除した残額を所得の受領者である非居住企業に支払います。

特許権使用料収入は，契約が約定したライセンスの使用者が特許権使用料を支払うべき日に収入の実現を認識します。

源泉徴収義務者は特許権使用料を支払うべき日に源泉徴収義務が発生し，その日から7日以内に源泉徴収義務者所在地の主管税務機関で源泉税額を申告納付しなければなりません。

なお，企業が契約書または協議書の約定した支払期日の前にその所得金額を支払った場合は，実際の支払時に企業所得税法の関係規定により企業所得税を源泉徴収します。

特許権使用料収入が外貨である場合は，源泉徴収義務が発生した日の人民元為替レート仲値で人民元に換算して，非居住企業の課税所得額を計算します。

特許権使用料所得はその収入総額を課税所得額とします。収入総額とは所得の支払者から受け取るすべての価額と価額外費用の合計額をいいます。

ロイヤルティと増値税

企業所得税の特許権使用料は，増値税では無形資産の使用権の譲渡として課税対象となっています。

無形資産とは，現物形態を伴わないが，経済利益をもたらすことのできる資産をいい，技術（特許技術（特許権）と非特許技術（ノウハウ）があります），商標，著作権，のれん，天然資源使用権とその他の持分性無形資産があります。増値税の課税対象である無形資産の販売とは，無形資産の所有権または使用権

第6章　配当とロイヤルティ

を譲渡する業務活動をいいます。

　無形資産の使用権の譲渡については6％の増値税が課税されます。

　国家税務総局は2013年2月19日付で，「営業税の増値税改正実験における非居住企業が納付する企業所得税に係る問題に関する公告」（国家税務総局公告2013年第9号）を発布しましたが，この2013年第9号公告では，非居住企業が企業所得税法の定める所得を取得して企業所得税を計算し納付する時には，増値税を含まない収入全額で課税所得額とすると規定しました。

　すなわち，非居住企業が企業所得税法の源泉徴収所得を取得した場合には，その収入金額の中に増値税が含まれている場合には増値税抜きの収入金額を課税所得額とするものです。この2013年第9号公告の解説では，次のような例示が記載されています。

（例示）

　非居住企業が国内某会社と特許権使用料契約を締結し，契約価額は100万元であり，契約は，各種税金費用は非居住企業が引き受けることを約定している。増値税の適用税率が6％であると仮定すれば，この国内会社が源泉徴収すべき非居住企業の所得税は次のように計算する。

　課税所得額＝100万元÷（1＋増値税税率6％）＝94.34万元

　源泉税額＝94.34万元×企業所得税の源泉税率10％＝9.434万元

ロイヤルティと日中租税条約特許権使用料とサービス提供所得

　日中租税条約では企業所得税でいう特許権使用料と機械設備等の使用料を使用料所得として源泉税率の限度税率10％を適用しますが，これは企業所得税の源泉税率10％と同率です。

　したがって，日本企業が中国国内の企業から特許権使用料を取得する場合には，中国の企業所得税法によって10％の源泉税率の適用を受けますので，日中租税条約の適用を受ける必要はありません。

　しかし一般論として，中国の税務機関は外国企業が中国国内に源泉のある所得を取得する場合には，租税条約届出表の提出を要求します。この届出表は外国企業の居住地国を確認する意味もありますので租税条約の適用がない場合でも提出が要求されます。

ロイヤルティ・フィーとサービス・フィー

特許権使用料所得とサービス所得は全く別の所得ですが，サービスの提供者が提供する成果が特許権使用料の定義に該当し，サービスの引受者がその成果の使用権のみを有する場合には，そのサービス所得には租税条約の使用料条項の規定を適用します。

特許権またはノウハウの使用権を譲渡または許可する過程で技術の許可者が人員を派遣して技術のサポートと指導等のサービスを提供する場合には，租税条約の使用料条項の規定を適用します。

ただし，派遣人員の提供するサービスが恒久的施設（企業所得税の機構・場所）を構成する場合には，サービス所得に対して事業所得条項の規定を適用します。

より具体的には，技術許可者が技術使用者に人員を派遣して役務を提供し，その役務提供期間が租税条約の恒久的施設の期間基準（日中租税条約では6か月超）に達している場合には事業所得の規定を適用します。恒久的施設を構成しないかまたは恒久的施設に帰属しないサービスについては，使用料所得の条項を適用します。

事前にサービス提供期間が恒久的施設を構成するかどうか決定できない場合には使用料条項を暫定的に適用し，その後に恒久的施設を構成した場合には，事業所得の条項を適用してすでに処理した特許権使用料を対応的に調整（修正）します。

単純な貨物のアフターサービス，製品保証サービス，工事・管理・コンサルタントの専業サービス機構等のサービス等は使用料所得ではなく，サービス所得に該当します。

ロイヤルティの国外送金

特許権使用料はサービス貿易の対価に該当しますので，1件当たり5万米ドル相当を超える場合には，外為指定銀行が取引証憑を審査し，源泉徴収義務者（所得の支払者）は国家税務局に契約書等を届出します。

特許権使用料の国外送金の詳細については，第5章の76ページ「Column ⑧ 中国外貨送金と対外支払税務の届出」をご参照ください。

第6章 配当とロイヤルティ

Column

日本の配当金課税

　日本では，平成21年度税制改正で外国子会社からの配当等の益金不算入制度が導入され，配当の外国税額控除制度が廃止されました。配当等の益金不算入制度とは，配当等の額の95％を益金不算入とするものです。配当の5％程度は配当関連の費用（損金）が発生しているものと見込んでいますので，収益（益金）に計上します。

　配当等の益金不算入制度は，日本の内国法人（日本国内に本店または主たる事務所がある法人）が外国法人の配当確定日以前から6か月以上継続してその外国法人の発行済株式等の25％以上を保有している外国子会社に適用されます。

　配当等の益金不算入制度の適用を受ける場合は，外国で発生した配当の源泉税は損金（費用）に算入せず，また，日本の法人税から直接控除することもできません。

　配当等の益金不算入制度の適用を受けるためには，確定申告書でその金額と計算に関する明細の記載が必要であり，外国法人が外国子会社に該当することを証する書類，外国子会社の財務諸表，外国源泉税の申告書の写し，外国源泉税の源泉徴収票等の保存が必要です。

　外国法人の発行済株式または出資割合が25％未満またはその保有期間が6か月未満の場合は，益金不算入制度は適用されず，配当等の額は全額を益金に算入し，その外国税額は日本の法人税から控除することができます。

第7章

中国のサービス PE 課税
―出向者と出張者

1　恒久的施設と事業所得

　日本企業が中国国内で事業を行った場合には，中国で企業所得税が課税されます。

　中国の企業所得税法では，外国企業（非居住企業）が中国国内に機構・場所を設立した場合には，その設立した機構・場所が取得した中国国内源泉所得と，中国国外で所得が発生したがその設立した機構・場所と実質的な関係を有する国外源泉所得との合計をその機構・場所の事業所得として申告納付しなければなりません。

　中国国内源泉所得とは，例えば，貨物の販売であればその取引活動の発生地が，役務の提供であれば役務の発生地が中国国内にある所得をいいます。中国国外源泉所得は，その所得の発生地が中国国外にある所得をいいます。

機構・場所とは何か？

企業所得税法で定めている機構・場所には次のものがあります。

1号　管理機構，営業機構，事務機構

2号　工場，農場，天然資源開発採掘場所

3号　役務を提供する場所

4号　建設，据付，組立，修理，探鉱等の工事作業に従事する場所

5号　その他の生産経営活動に従事する機構・場所

企業所得税法では，外国企業が営業代理人に中国国内で生産経営活動に従事

第7章 中国のサービス PE 課税

することを委託した場合も，その営業代理人を中国国内の機構・場所とみなします。

恒久的施設とは何か？

日中租税条約第5条では，日本企業が中国国内に恒久的施設（Permanent Establishment，PE）を有する場合には，中国で企業所得税が課税されることが定められています。恒久的施設とは，事業を行う一定の場所であって，企業がその事業の全部または一部を行っている場所をいいます。

恒久的施設の特徴としては，①一定の支配空間を持っていること，②固定の場所であること，③全部または一部の事業活動であることの3つがあります。

恒久的施設の例示として，事業の管理の場所，支店，事務所，工場，作業場，天然資源採掘場所があり，このほか，6か月を超える期間存続する建設工事現場（建設工事 PE），コンサルタントの役務提供が12か月の間に合計で6か月を超える恒久的施設（サービス PE）もあります。なお，機械・設備の販売または賃貸に関連するコンサルタントの役務は恒久的施設に該当しません。

日中租税条約では，このほかに，中国国内で常習的に代理人を務める常習的代理人ともっぱら注文を取得するだけの注文取得代理人は従属的な代理人として委託者である日本企業の恒久的施設に該当しますが，仲介人，問屋等の独立代理人は恒久的施設に該当しないことが定められています。

2 中国 PE 課税の歴史

では，中国でこれまでどのようなものが恒久的施設（PE）として課税されてきたのでしょうか。ここではその歴史を簡単に紹介します。

始まりは1983年

中国の税務規定で初めて PE 課税について具体的に言及したのは，1983年7月に発布された税務規定「外国企業の工事作業請負と役務サービス提供についての工商統一税と企業所得税の課税に関する暫定規定」です（(83) 財税149号，現在ではこの規定は廃止されて，他の関連規定に引き継がれています）。

この税務規定では，建設，据付，組立，探査等の建設 PE に対する課税と外

国企業からの機械設備の輸入に伴うコンサルタントの役務提供についての免税が規定されました。このように中国でのPE課税は建設PE課税から始まりました。

ただし，この税務規定では建設プロジェクトの下請工事について課税所得が正確に申告できない場合には，下請代金に税務局の推定利益率を乗じた税額を元請企業が源泉徴収することを規定しており，外国企業に対する推定利益率による課税とその代金の支払者による源泉徴収課税（中国では代理控除代理納付といいます）が規定されています。

このような外国企業の請負役務収入に対する推定利益率課税と源泉徴収課税はPE課税の初めから行われていた中国固有の課税方法です。

PEにおける個人所得課税

1989年4月には「外国企業人員が訪中して提供した役務に租税協定が定めた原則をどのように従わせて課税を行うかの問題に関する回答」（国家税務総局（89）国税外字第091号，現在は廃止済）が発布され，建設工事PEまたはサービスPEに派遣された個人の賃金給与所得については，その恒久的施設（PE）が人件費を負担すべきものであるとしてその派遣者の本国での給与のうち中国国内勤務期間に対応するものに個人所得税を課税することが規定されました。

例えば，日本人は日中租税条約第15条の短期滞在者の免税規定によって次の3つの条件を満たす場合には，その賃金給与所得について中国の個人所得税の課税が免除されます。

■短期滞在者の免税規定

① 日本の居住者がその年の1月1日から12月31日までの間に合計して183日以内，中国に滞在すること
② 中国国外の雇用主がその報酬を支払っていること
③ 中国国内の恒久的施設がその報酬を負担していないこと

このような3つの条件を満たせば，日本本社から派遣された日本人が中国で個人所得税を課税されることはありませんが，中国の国家税務総局は中国国内の恒久的施設に派遣された場合には，上記の③の条件は満たさないものとみなして個人所得税を課税するものと規定しました。

第7章　中国のサービス PE 課税

　恒久的施設が負担しない状況もあり得ることですので，このような短期滞在者の個人所得税課税は中国固有の税務実務となっています。

　なお，この税務規定は旧税法の規定であり現在は廃止されていますが，その固有の課税実務は継続して適用されています。

　1990年以降の主な PE 課税は次のとおりです。

1994年	建設工事 PE に関係する設計役務についてのサービス PE 課税
1995年	外国から輸入する機械設備の据付，組立，技術訓練，指導，監督等のサービス PE 課税
2000年	外国コンサルタント会社が提供するコンサルタント役務の PE 課税
2005年	外国企業の情報システムの国内におけるメインテナンスとコンサルタントサービスの PE 課税

工事作業請負と役務提供の暫定規定

　さらに，2009年1月20日付で「非居住者の工事作業請負と役務提供の租税管理暫定弁法」（国家税務総局令第19号）が発布されました。

　この管理規定では，工事作業請負とは，中国国内において建設，据付，組立，修繕，装飾，探査とその他工事作業を請負うことをいい，役務提供とは，中国国内において加工，修理整備，交通運輸，倉庫，リース，相談仲介，設計，文化体育，技術サービス，教育訓練，観光，娯楽とその他の役務活動に従事することをいいます。

　外国企業（非居住企業）が中国国内で工事作業を請け負った場合または役務を提供した場合は，その契約書または協議書を締結した日から30日以内にそのプロジェクト所在地の税務機関に税務登記手続を行います。

　工事作業を請け負ったまたは役務を提供した外国企業は，企業所得税を年度別に計算し，四半期に分けて予納し，年度終了時に総合精算納付（確定申告）し，工事プロジェクトが工事完了または役務契約の履行が完遂した後に税額を精算納付します。

　また，外国企業（非居住企業）が中国国内で機構・場所を設立しないで代理人もいない場合には，所得の支払者が源泉徴収義務者としてその代金の実際支払日または契約書の支払日から30日以内に源泉徴収の税務登記を行います。

この管理規定の中で，特に注意することは，下記のいずれかに該当する場合には，税務機関が工事代金または役務費用の支払者を源泉徴収義務者として指定することができるとされていることです。

① 見積工事作業または役務提供期間が一納税年度に足らず，かつ納税義務を履行しないことを表明する証拠がある場合
② 税務登記または臨時税務登記を行っておらず，かつ中国国内の代理人に納税義務の履行を委託していない場合
③ 規定の期限に企業所得税納税申告または予納申告を行っていない場合

一般論ですが，外国企業が中国国内で役務提供を行った場合には，その代金を支払う国内企業が国外に送金する時に，その対外送金の届出を税務機関に申請する必要がありますので，その代金の支払者が源泉徴収義務者として指定され，推定利益率を適用して企業所得税の源泉徴収課税が行われる事例があります。

増値税と付加税

外国企業（非居住企業）が中国国内で工事請負作業または役務提供を行った場合には，増値税とその付加税も課税されます。増値税の税率は，建設サービスが11％で，その他のサービスの提供は6％です。

増値税が課税される場合には付加税として，都市擁護建設税と教育費附加も同時に課税されます。都市擁護建設税は，増値税額に7％を乗じた税額を，教育費附加は増値税額に5％（中央政府分3％＋地方政府分2％）を乗じた徴収額を納付することになります。

外国企業（非居住企業）が中国国内で機構・場所を設立している場合には，企業所得税と増値税等は自己申告納付することになりますが，国内に機構・場所がなく，代理人もいない場合には所得の支払者が源泉徴収義務者となります。

中国固有の推定課税

国家税務総局は，2010年2月20日付けで，「非居住企業所得税推定課税管理弁法」（国税発［2010］19号）を発布して，外国企業（非居住企業）の会計帳簿が不備で，資料が欠落していることにより税務機関による帳簿検査が困難な

第7章　中国のサービス PE 課税

こと等により，その課税所得額を確実に計算して事実のとおり申告することができない場合には，税務機関はその課税所得額を推定するものとしています。

税務機関は，次の基準により非居住企業の利益率を決定します。

■非居住企業の推定利益率

① 請負工事作業，設計およびコンサルタント役務に従事する場合は，利益率は15%〜30%
② 管理サービスに従事する場合は，利益率は30〜50%
③ その他の役務または役務以外の経営活動に従事する場合は，利益率は15%以上

なお，2015年6月1日前までは，外国企業が推定課税の鑑定表を税務機関に届出し，税務機関が推定利益率の審査を行い，これを認めない場合には15営業日以内に推定利益率を決定した税務事項通知書を外国企業に通知します。

税務事項通知書が発行されない場合には，企業の提出した推定利益率が認められたことになりますが，いつまで経っても審査が終了しない場合が多かったため，この税務機関による推定利益率の査定は廃止されました。

現在では，税務機関が鑑定表を外国企業に送付し，外国企業は10営業日以内に鑑定表の記載を完了して提出し，20日以内に税務機関が確認する手続となっています。

このような手続の変更は，行政機能の軽減による企業活動の活性化という行政改革を背景としていますが，これまで鑑定表の査定に時間がかかって長期間に渡って手続が進まなかったために，コンサルティング・フィーやマネジメントサービス・フィーの中国国外送金に困難が生じていたことが背景にあります。

工事請負代金または役務提供の対価の国外送金については，76ページ第5章の「Column ⑧中国外貨送金と対外支払税務の届出」をご参照ください。

3　サービス PE と出向者の課税問題

中国では2009年頃から親子会社間のサービス PE の課税問題が発生しました。

親子会社間のサービス PE 課税

国家税務総局は2013年5月2日に「非居住企業の派遣者の中国国内における役務提供の企業所得税課税に係る問題に関する公告」（2013年4月19日，国家税務総局公告2013年第19号）（以下，本章の中で「税務公告」という）を発布しました。

この税務公告では，外国企業（非居住企業）が中国国内に機構・場所（恒久的施設）を有するかどうかの判定基準は，外国企業からの派遣者がその外国企業の被雇用者であるかどうか，また，その派遣者が外国企業のために役務提供を行っているかどうかで判断することとしています。

この判断を行うために，外国企業が派遣者の業務結果について責任とリスクを引き受けているかどうか，その業務の考課評価を行っているかどうかが具体的な判定基準になります。

税務公告では，機構・場所（恒久的施設）の有無の判定基準について次のように規定しています。

■恒久的施設の有無の判定基準

非居住企業（派遣企業）の派遣者が中国国内において役務を提供し，派遣企業が派遣者の業務結果について一部または全部の責任とリスクを引受け，通常的に派遣者の業務成績を考査して評価する場合は，派遣企業が中国国内において機構・場所を設立して役務を提供したものとみなす。派遣企業が租税条約締結先の企業でありかつ役務を提供する機構・場所が相対的に固定性と持久性を有する場合は，当該機構・場所は中国国内において恒久的施設を構成するものとする。

上述の判断を行う時は，下記の要素と結合して決定を行う。

1　役務を受け入れる国内企業（受入企業）が派遣企業にマネジメントフィー，サービスフィーの性質を有する金員を支払う場合

2　受入企業が派遣企業に支払う金員の金額が，派遣企業が立て替えた，代理支払した派遣者の賃金給与，賞与，社会保険料とその他費用を超える場合

3　派遣企業が受入企業の支払う関係費用の全部を派遣者に支給しないで，一定金額の金員を保留する場合

4　派遣企業が負担する派遣者の賃金給与，賞与の全額がまだ中国において個人所得税を納付していない場合

5　派遣企業が派遣者の人数，職務資格，給与報酬基準とその中国における業務

第7章　中国のサービス PE 課税

場所を決定する場合

税務公告の解釈では，これについて次のように説明しています。

非居住企業の派遣者が国内において提供する役務については2つの角度から，機構・場所を構成する判定要因を明確にした。

1つは派遣企業社員の業務結果の責任とリスクは誰が引き受けているかにより，派遣者が従事した業務の性質が派遣企業または国内企業のいずれと実質的な関係があるのかどうかを判定する。これは基本的な判定要因であり，恒久的施設を構成する判定と原則的に論理的に同一性を有するものである。

2つは，5つの参考要因を列挙したことであり，主に費用の支払いと関係する状況，派遣企業が費用の受取を通して中国源泉所得を取得しているかどうかを考察して，第1次的な判断をサポートするものである。この5つの要因の大部分は並列的な状況に属するものであり，一般的にはこのうちの1つに該当しさえすれば，前述した定性的要件に加えて，機構・場所および恒久的施設を構成すると判定することができるともいえる。

このように，機構・場所の定性的な判定基準として「責任とリスクの引受け」と「業績考課評価」があり，派遣企業が責任とリスクを引受けて業績考課評価を行っている場合には，派遣企業は中国国内において機構・場所を設立して役務提供しているものとみなされます。

さらに，派遣企業が租税条約締結国の相手国の居住企業である場合で，役務を提供している機構・場所が租税条約上の恒久的施設を構成している場合には，派遣企業は中国の企業所得税の納税義務を負うことになります。

日中租税条約第5条第5項では，日本企業が中国国内において使用人その他の職員を通じてコンサルタントの役務を提供する場合には，このような活動が12か月の間に合計6か月を超える期間行われる時に限り，その企業は中国国内に恒久的施設を有するものとされます。

具体的な問題場面

実際の親子会社間のサービス PE 課税において生じる問題は，中国子会社への外国子会社の社員派遣があった場合に役務提供場所が PE に当たるとして，親子会社間の人件費の付替えを役務提供の対価とした企業所得税と増値税等の

課税が生じるということです。

【図表7－1】
派遣が6か月を超えると①の国外送金は役務提供対価の国外送金とみなされる（②）

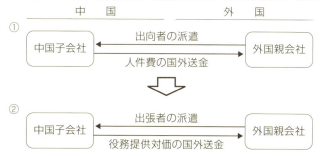

例えば，外国親会社がその社員を中国子会社に出向させて高級管理職や技能職として勤務させている場合に，その中国子会社が出向社員の人件費の負担部分を外国親会社に国外送金しているとします。

このとき，外国親会社がその社員を中国子会社に出張者として派遣して一定期間（例えば6か月超）を超えて役務提供しているならば，その役務提供場所は恒久的施設に該当し，その国外送金は役務提供の対価として国外送金するものであり，外国親会社は事業所得として企業所得税と増値税と付加税を納税しなければなりません。

すなわち，中国子会社が出向社員の人件費として国外送金する金額は，実は，親会社の出張者による役務提供の対価であるから，出張者の役務提供期間が6か月を超えるならば，その中国子会社にある役務提供場所は恒久的施設に該当するので企業所得税等の納税義務があるとされるのです。

同時に，PEに派遣された出張者には短期滞在者の免税規定の適用はないので個人所得税も出向者の場合と同じく課税されることになります。

このように中国固有の親子会社間のサービスPE課税問題は，出張者の個人所得税課税だけではなく，外国親会社のPEとみなして企業所得税，増値税，付加税の課税も行おうとするものとなっています。

外国親会社の派遣者給与負担

上述したように，税務公告では，機構・場所（恒久的施設）の判断の参考要

因として5つの要因を掲げています。公告の解釈によれば，これらの参考要因は，企業所得税法の機構・場所だけではなく租税条約の恒久的施設の参考要因としても同一性があります。

また，これらの要因のいずれか1つに該当する場合には，定性的判定基準である「責任とリスクの引受け」と「業績考課評価」に加えて，その役務提供場所は機構・場所（恒久的施設）を構成するものとされています。

すなわち，日本企業について言えば，これらの5つの参考要因のうちのいずれか1つに該当して，その役務提供期間が12か月の間に6か月を超えれば，その日本企業は中国の企業所得税を納税する義務が発生します。

これらの5つの参考要因は，派遣企業にマネジメントフィーとサービスフィーのようなマージンが載せられた報酬の支払いが行われた場合，派遣企業が立て替えた賃金給与・賞与・社会保険料等の人件費の実費を超える精算払が行われた場合，派遣企業が受け取った関係費用の一部が派遣者に支給されないで派遣企業に留保された場合，派遣企業が負担する賃金給与・賞与の個人所得税が全額納税されていない場合，派遣企業が派遣者の人数，職務資格，給与・報酬基準，業務場所を決定している場合とされています。

出向者または出張者？

外国親会社が出向者として社員を派遣する場合には，中国子会社がその派遣者の業務についてリスクと責任を負い，業績考課評価も中国子会社が自ら行い，上述した5つの参考要因もなく，その出向者が中国子会社と正式な雇用関係を持てばサービスPE課税は行われません。

そうではない場合には，出張者としてサービスPE課税が行われる可能性が高いものと考えられます。

派遣者の給与負担と個人所得税の納付

税務公告の解釈では，前記5つの参考要因のうち，特に第4号の「派遣企業が負担する派遣者の賃金給与，賞与の全額がまだ中国において個人所得税を納付していない場合」について，次のような留意事項を記載しています。

留意すべきことは，派遣者の賃金給与，賞与は，すでに全額が中国において個

人所得税を納税している場合は，例え，派遣企業がこのうちの全部または一部の費用を負担している場合であっても，派遣企業が賃金給与，賞与を負担してまたは派遣行為を通して所得を取得する状況が存在しないことにより，この規定によって，このような場合には機構・場所を構成する判断の要因とはしないことである。

　この記述は少し理解しにくいので解説しますと，派遣企業が負担する派遣者の賃金給与・賞与の全額について個人所得税が納税されている場合には，機構・場所を構成する要因にはならないとしています。

　すなわち，派遣企業が派遣者の賃金給与・賞与の全部または一部を負担していても，その派遣行為を通して派遣企業が中国国内において所得を取得する状況がない限りにおいては，その派遣企業は機構・場所を有しないものとして企業所得税は課税されません。

国際標準に一歩近づく

　先述したように，これまで中国の租税条約の解釈として，外国親会社が中国子会社に人を派遣して業務を行う時に，派遣者の賃金給与を親会社が負担している場合で外国親会社が中国子会社から役務費用を受領した場合は，その外国親会社は中国国内に恒久的施設を有するものとして企業所得税を課税していましたが，このような実務解釈に対して，中国に投資している欧米企業は国際課税の慣行に反するものとしてその改善を国家税務総局に申し入れていました。

　中国の租税条約の最近の解釈は OECD モデル租税条約の解釈をベースとしていますが，OECD モデル租税条約の解釈では，外国親会社が派遣者の給与を負担してその役務費用を受領するだけでは恒久的施設を構成するという解釈はありません。

　そこで，税務公告も，外国の派遣企業が派遣者の賃金給与・賞与を負担していても，その全額について個人所得税を納付して，派遣企業が所得を取得していなければ，機構・場所（恒久的施設）を構成しないものとされました。

　これまでの実務解釈を大きく変更するものではありませんが，より具体的な参考要因として，親会社が派遣者の賃金給与・賞与の全部または一部を負担していても，その全額について個人所得税を納付していれば，また，役務費用の

第7章

中国のサービスPE課税

第7章 中国のサービスPE課税

受領であっても所得（サービス・コストを超える所得）を取得していなければ，企業所得税を課税しないことを明らかにしたものであり国際的な解釈に一歩近づいたものと言えます。

Column ⑩

租税条約の国連モデルとOECDモデル

　租税条約のモデルとしては，国連モデルとOECD（経済協力開発機構）モデルがあります。国連モデルは，先進国と発展途上国との間で租税条約の締結が円滑に促進されるように発展途上国の課税権を保護する形で構成されています。

　先進国は発展途上国に進出して事業や投資を行いますので，事業による所得または投資による所得は発展途上国に源泉があり，発展途上国は所得の源泉地国となります。したがって発展途上国の課税権を保護するには所得の源泉地国の課税権を手厚くすれば良いことになります。

　これに対してOECDモデル租税条約は，先進国間の国際的な経済発展を阻害する要因を排除することを主目的としていますので，平等互恵の原則に従っていますが，先進国が発展途上国に投資するのに有利なように，源泉地国（発展途上国）の課税権を制限して企業の居住地国（先進国）に課税権を与える構成となっています。

　したがって，OECDモデル租税条約では，恒久的施設なければ課税なしの原則に従って，所得の源泉が発生していても恒久的施設がなければ課税できないものとし，恒久的施設の定義そのものを極力制限しています。これに対して国連モデルは，役務提供取引はかなり多額な取引金額になることも多く，無視できない重要な取引であるとして恒久的施設の範囲に加えています。

　OECDは，サービスPE課税は排除していましたが，物理的な恒久的施設の定義だけでは解決できない，専門性の高い人的役務事業，事業拠点を持たないクロスボーダー取引等の国際課税問題が数多く発生してきたため，

2006年に役務課税の報告書を作成して2008年の OECD モデル租税条約にサービス PE 課税を本格的に取り組みました。

　このような国際課税の動向が背景として，中国が2008年の企業所得税の改正に伴いサービス PE すなわち機構・場所の3号 PE（役務を提供する場所）を新たに規定しました。2013年に，外国親会社の中国子会社への派遣者のサービス PE 課税として課税を強化しました。

第8章

民間融資の禁止
―委託貸付金と外債と越境保証

1 中国独自に発展した資金借入方法―委託貸付金

　中国子会社が資金を借り入れる一般的な方法には，企業グループ内の委託貸付金を利用する方法，中国国外の外国銀行や外国親会社から借入を行う方法，中国国内の商業銀行から借入を行う方法等があります。

　中国国内では金融機関以外の民間企業が貸付を行うことは禁止されているため，企業グループ内で資金の貸付けを行う場合には，中国固有の委託貸付金制度を利用しなければなりません。

　ここでは，民間企業間の融資禁止とこれに従った委託貸付金制度について紹介します。

貸付通則と委託貸付金

　中国では民間企業間の融資が禁止されています。1996年6月28日に発布された「中国人民銀行貸付規則」によれば，貸付人とは中国国内で法により設立した貸付業務を経営する金融機関をいい，貸付人は中国人民銀行の批准を受けて貸付業務を経営し，中国人民銀行が発行する営業許可証を持参して工商行政管理部門で登記しなければなりません。したがって，貸付業務の営業許可のない一般の民間企業は貸付行為を行うことができません。

　ただし，この貸付規則では同時に「委託貸付金」の規定が設けられています。

　この貸付規則でいう委託貸付とは，政府部門，企業事業単位，個人等の委託者が資金を提供し，貸付人（受託者）が委託者の決定した貸付対象，用途，金額，期限，利率等に基づいて，資金を貸し出し，その使用を監督し，かつ回収

に協力する貸付金をいいます。

貸付人（受託者である銀行）は手数料を受け取るのみで，貸付リスクを引き受けることはありません。

すなわち，企業（委託者）が自分で持っている資金を金融機関（受託者）に委託して，金融機関はその資金を委託者の決めた貸付先に提供し（金融機関によって借入企業に対する貸付が実行されます），金融機関が委託者の決めた用途，金額，期限，利率等に従って運用されているかを監督し，その資金の回収に協力します。この一連の制度を委託貸付金制度といいます。

貸付リスクは委託者である企業に

金融機関は自己の貸付資金を使用することなく，監督等の金融サービスを提供して手数料を取得するだけです。金融機関は貸付金が回収できなかった時の貸倒損失等の貸付リスクを負うことはなく，委託金の貸付利息は委託者に帰属します。

委託者である企業は，まず初めに金融機関にその自己の銀行預金を委託します。その銀行預金は自己資金でなければならず借入金によってまかなうことはできません。

貸付金は委託した預金額を上限金額とし，金融機関が貸付資金を立て替えることは禁止されています。金融機関は仲介すなわち融資を代行するだけですので，用途，金額，貸付期限，貸付金の利率等の契約内容は委託者（実質的な貸付人）と借入企業との間で決定されます。

【図表8－1】

委託者と金融機関との間では委託貸付金契約を締結し，委託者が自己資金を受託者である金融機関の委託貸付基金専用口座に自己資金を預け入れます。

委託貸付金総額はこの委託貸付基金専用口座の金額を超えることはできません。委託者が借入企業と委託貸付金借入契約を締結した後に，金融機関は貸付けを実行します。

第8章　民間融資の禁止

委託貸付金の歴史

　このような委託貸付金の制度は，中国の不動産業界でグループ企業間の資金調達と運用に利用されてきました。

　2000年代では，中国各地で不動産開発を行っていた中国企業集団では，各地で行われる不動産開発プロジェクトはその認可を受けた地方毎に，不動産プロジェクト開発公司を設立して不動産の開発を行っていました。これらの各地域における不動産プロジェクト開発公司の中には，資金が不足していた公司もあれば余剰となっていた公司もありました（なお，公司はコンスと発音し，有限会社のことです）。

　不動産プロジェクトの開発段階では土地使用権の購入と建物の建設に多額な資金投下が必要であり資金需要の急激な増加を満たすことができない状況が発生します。一方で，不動産開発が完了して不動産を販売する段階になると予約前受金が多額に流入し一時的に資金余剰となる状況もあります。

　中国の不動産開発企業では，企業集団内の資金の不足と余剰を解決するために，企業集団内の不動産プロジェクト開発公司が余剰資金を他の不動産開発公司に資金を直接提供することもあれば，企業集団内の財務公司が資金をプールして資金需要のある不動産開発公司に間接的に提供することもありました。

　前述したように，中国の貸付規則では，金融機関による融資行為を除いて，企業間で融資契約を締結する行為は金融法規違反であり，その契約は無効とされています。融資行為を行うことができるのは政府の許認可を受けた銀行，財務公司等の金融機関に限られていました。

　そのような状況の中で，企業集団内の直接融資と資金のプールと再配分に，委託貸付金の制度が利用されてきたのです。

2018年の商業銀行委託貸付金管理弁法による制度整備

　このような委託貸付金制度は，中国銀行監督管理委員会が2018年1月5日付で発布した「商業銀行委託貸付金管理弁法」（銀監発［2018］2号）によってはじめて正式に整備されました。

　2017年9月までに委託貸付金の融資規模は社会全体の融資規模の8％を超えるようになり，委託貸付金に内在する信用リスクが大きなものとなりました。

　当時の経済の下降圧力により中小企業は銀行の信用を得ることが難しくなり，

大企業は低い金利で銀行から貸付を受けることができ，委託貸付金を通してより高い金利で中小企業に貸し付ける現象が現れ，一般の融資資金が実体経済に入ることなく，中小企業の負担が増加する状況となっていました。このため，中小企業の健全な発展のために委託貸付金制度の整備が行われたのです。

　この管理弁法では，一般の委託貸付を，「商業銀行が現金管理サービスとして企業集団の顧客からの委託を受けて，委託貸付金の形式で，顧客のために提供する企業集団内部の独立法人間の資金の調達と拠出のこと」としていますが，委託貸付金の用途については，金融商品への投資，資本金の払込，持分投資または増資等に用いることは禁じています。

　また，委託者は商業銀行から委託貸付専用口座の開設を求められます。一方で，商業銀行は自己の自営資金と委託貸付資金を厳格に隔離しなければならないこととなりました。

委託貸付金の会計と税務

　さて，貸付企業の会計と税務処理はどのようになるでしょうか。

　委託貸付金借入契約は，貸付企業と商業銀行と借入企業の三者間で締結します。貸付企業は借入企業から貸付利息を受け取り，商業銀行に代理手数料を支払います。

　貸付企業が自己資金を商業銀行の預金口座から委託貸付金専用口座に振り替えて貸付を委託した時には，商業銀行は代理手数料を銀行預金から一括して引き落とします。貸付企業は商業銀行の代理手数料を投資収益科目に計上し，投資収益科目は受取利息を収益として，その代理店手数料を費用として計上します。これらの収益と費用は純額表示の会計科目です。

　また，貸付企業は委託貸付金額を預金科目から委託貸付金科目に振り替えます。委託貸付金科目には内訳科目として「元金」，「利息修正」，「減損」科目があります。減損科目は委託貸付金が回収不能となった場合に使用されます。

　商業銀行の代理手数料収入は，増値税の金融サービス（直接に費用を徴収する金融サービスの手数料，コミッション，管理費等の費用）に該当しますので６％の税率で増値税が課税され，代理手数料金額に上乗せされます。増値税が課税される場合には，都市擁護建設税（増値税の７％）と教育費付加費用（増値税の３％）も同時に上乗せして徴収されます。

第8章　民間融資の禁止

　貸付企業では，委託貸付金と増値税，都市擁護建設税，教育費付加費用の合計額で銀行預金の引き落としが行われます。

　商業銀行は代理手数料の増値税については増値税専用発票を発行できますので，貸付企業はその増値税を仕入税額控除として使用することができます。都市擁護建設税と教育費付加費用は管理費用として費用処理されます。

　貸付企業は期限の到来した委託貸付金の未収利息については，委託貸付金（利息修正）科目に計上します。貸付企業は一般的には金融業許可証を持っていませんので，受取利息は投資収益に計上することになります。

　受取利息が実際に入金される時は，利息金額から増値税，都市擁護建設税，教育費付加費用が源泉徴収（代理徴収）されてその差額が貸付企業に入金されます。

　この受取利息の増値税については，貸付企業が増値税の一般納税者である場合には，借入企業に増値税普通発票を発行することとなるので，商業銀行が借入企業に増値税普通発票を代理で発行します。

委託貸付金の税務留意事項

　国家税務総局が2011年6月9日付で発布した「企業所得税の若干の問題に関する公告」（国家税務総局公告2011年第34号）では，非金融機関が非金融機関に支払った借入金の利息は，金融機関の同期間の同種類の貸付金利率で計算した金額を超えない部分は，費用として控除することを認めるとあります。

　すなわち金融機関の同期間の同種類の金利以下の部分については費用として控除することが認められていますが，これを超える部分については費用控除が認められません。企業は初めて利息を支払って費用控除を行う場合には，税務機関に「金融企業の同期間同種類の貸付金利率の状況説明書」を提出して，その利息支出の合理性を証明する必要があります。

　「同期間同種類の貸付金利率」は，貸付期限，貸付金額，貸付金担保および企業の信用供与等の条件が基本的に同一の下で，金融企業が提供する貸付金の利率のことです。

　金融企業が公表する同期間同種類の平均利率でも良いし，金融企業がある企業に提供した実際の貸付金利率でも良いとされています。

2 中国子会社の外債管理

委託貸付金制度の他に，中国子会社には中国固有の外債管理（対外債務の借入規制）があり，中国国外の外国銀行や外国親会社から借入を行う場合は，その外債管理による借入制限について留意する必要があります。

中国固有の外債管理は，①中国子会社が国外の外国銀行から借入れを行う場合，②国外の親会社から親子ローンの借入れを行う場合，または③中国子会社が国内商業銀行から借入を行う場合に，その適用を受けることになります。

外債管理には投注差方式と比率自律管理方式（マクロ・プルーデンス方式）の2つの方式があり，中国子会社はいずれかの外債管理方式を選択適用することができます。

投注差方式

投注差とは，中国子会社の投資総額から登録資本金（中文で注冊資本金）を差し引いた差額のことです。

中国では現地法人を設立するときに，固定資産投資と運転資金の合計額を投資総額といい，この投資総額の金額に基づいて実際に払い込む登録資本金の金額を決定しなければなりません。投資総額と登録資本金の出資割合は次のとおりです。

■投資総額と登録資本金の出資割合規制

投資総額	投資総額に対する資本金の割合
300万米ドル以下	70％以上
300万米ドル超から1,000万米ドル以下	50％以上
1,000万米ドル超から3,000万米ドル以下	40％以上
3,000万米ドル超	3分の1以上

投資総額から登録資本金を差し引いた投注差の金額が，その現地法人が中国国外から借り入れることのできる外貨借入枠とされ，外貨管理局で外債登記しなければなりません。

第8章　民間融資の禁止

> 投注差＝投資総額－登録資本金＝外資借入枠または外債枠　→　外債登記
> 投資総額＝固定資産投資（設備投資）＋運転資金（開業費＋開業後運転資金）

　現地法人を設立または増資した時に外債登記が行われていない場合は，外貨借入金等を調達することができません。

　また，投資総額と登録資本金を同額にした場合には，現地法人は外貨借入金等を調達することができません。したがってこの場合，中国国内で銀行から人民元による借入のみを調達することになります。

　中国国内における外資系銀行からの外貨借入金は外債登記には含まれませんし，外国投資企業の通常の輸出入取引による経常項目の輸入買掛金も外債登記には含まれません。

　投注差による外債枠は次のように計算されます。

> 投注差による外債枠＝短期外債残高＋中長期外債発生累計額

　短期外債については残高ベースで計算され，中長期外債については過去に発生した累計金額で計算されます。

　外国投資による投資性公司（傘型企業ともいいます）と外国投資リース会社については，別途の外債管理方式があります。

　例えば，傘型企業は外債金額を登録資本金の金額に応じた限度規制が行われており，その中長期外債累計発生額と短期外債残高の合計額は払込済みの登録資本金の一定の倍数を超えることかできません。

　外国投資リース会社については，借り入れた外債によって形成された資産をリスク資産として計上し，リスク資産の総額は純資産額の10倍を超えることはできません。

比率自律管理方式（マクロ・プルーデンス方式）

　比率自律管理方式は，前年度の監査報告書に添付されている貸借対照表の純資産額の２倍まで外債残高を保有することができる方式です。

　比率自律管理方式は残高ベースが採用されており，短期外債残高と中長期外債残高の合計額が前年度の監査済みの貸借対照表の純資産額の２倍を超えることはできないとされていますので，中長期外債についても残高を返済すれば外

債枠が復活します。

3　越境保証の外貨管理

　中国における融資では，中国子会社が国外親会社の保証を受けて中国国内の銀行から借入を行うケースも見られます。

　中国国内の商業銀行から借入れを行う場合に中国国内に借入れのための担保物件がある場合には問題はありませんが，一般的には国外の親会社が国内商業銀行に対して直接または間接にその借入金の保証を行う場合には，その保証行為は外債管理の対象となります。

　中国国外の保証で中国国内の借入を行うことを中国では「外保内貸」といいますが，「外保内貸」は2014年5月末までは投注差方式による外債管理に含められており，現地法人が中国国内で借り入れる銀行借入金に対して，国外親会社や国外金融機関等が保証を行った場合のその保証した金額も外債登記の対象となっていました。

　2014年5月12日に「越境保証外貨管理規定」（滙発［2014］29号）を発布して，国をまたがって保証人が債権者に対して行う保証行為については，それまでの投注差方式ではなく，2014年6月からはこの「越境保証外貨管理規定」に従って所定の外貨管理手続を行うことになりました。

■越境保証における「内保外貸」「外保内貸」の定義

内保外貸	保証人が国内，債権者と債務者が国外	国外での貸付
外保内貸	保証人が国外，債権者と債務者が国内	国内での貸付
その他	保証人と債務者が国内，債権者が国外	国内へ貸付（外債）
	保証人と債権者が国外，債務者が国内	国内へ貸付（外債）
	保証人と債権者が国内，債務者が国外	国外へ貸付
	保証人と債務者が国外，債権者が国内	国外へ貸付

　越境保証には，内保外貸，外保内貸，その他の越境保証があります。

　内保外貸とは保証人の登記地が中国国内で，債務者と債権者の登記地がすべて中国国外であるクロスボーダーの保証です。

　外保内貸は保証人の登記地が中国国外で，債務者と債権者の登記地がすべて

第8章　民間融資の禁止

中国国内であるクロスボーダーの保証です。

その他の越境保証とは，内保外貸と外保内貸以外のクロスボーダー保証です。

管理手続の具体的内容

外保内貸では，貸付行為は債権者と債務者のいる中国国内で行われますが，債務者が返済できないことにより国外の保証人が保証した場合に，国内の債務者（現地法人）は国外の保証人（親会社）に対して債務を負うことになります。

したがって，外債管理では保証行為が実行された場合に外債登記を行うことになります。

従来の投注差方式では，中国子会社は保証料を国外親会社に支払う時に外貨管理局に申請を行って許可を受け，国外親会社が保証を履行した時に中国子会社が外債登記を行ってその外債枠を使用していました。

現在では，中国子会社が国外親会社と保証契約を締結する時には事前に外貨管理局に申請することなく自ら契約を締結することができます。

また，中国子会社が国外親会社に保証料を支払う時には，中国国内の銀行が現地法人の締結した保証契約と関連のデータに基づいて外貨管理局に外保内貸登記を行い，登記された外保内貸については中国国内の銀行が通常のサービス貿易の外貨管理規定に従って，保証料の対外支払業務を処理することができます。

国外親会社が保証を履行した時には中国子会社が短期外債登記を行いますが，外貨管理局は投注差方式での限度枠管理を行いません。外貨管理局は外保内貸の合法性について事前審査は行わないで事後審査のみを行います。

ただし，保証の履行による対外債務残高は，前年度の監査済み貸借対照表の純資産額を超えることはできないものとされています。

このような外保内貸は，融資性（貸付，債権，ファイナンスリース等）保証に限定されており，非融資性（貨物売買，前払，延払等の保証行為）保証には適用されていません。

4 利息と保証料の国際税務

企業所得税10％，増値税６％をそれぞれ源泉徴収

外国企業が中国子会社から利息，保証料を取得した場合には，企業所得税が10％の源泉徴収税率で，増値税が６％の税率で源泉徴収されます。

企業所得税法では，利息と保証料については，非居住企業（外国企業）が中国国内に源泉のある利息，保証料を取得した場合には，10％の源泉徴収税率で企業所得税が課税されます。

利息とは，企業が資金を他人に提供して使用させるが持分性投資を構成しないか，または他人がその企業の資金を占用することにより取得する所得をいい，預金利息，貸付金利息，債券利息，延滞利息等の所得が含まれます。中国国内に源泉のある利息とは，その利息を負担し支払う企業が中国国内に所在することをいいます。

中国国内に源泉のある保証料とは，中国国内の企業，機構または個人が貸借，売買，貨物運輸，加工引受，リース，工事請負等の経済活動において，非居住企業が提供する保証を受けて支払うか負担する保証料または同一の性格の費用をいいます。

増値税では，金融サービスの税率は６％であり，金融サービスには貸付サービス，直接費用徴求サービス，保険サービス，金融商品譲渡があります。貸付サービスとは，資金を他人に貸与して使用させて利息収入を取得する業務活動をいいます。

直接費用徴求金融サービスとは，貨幣資金の融通とその他の金融業務のために関連サービスを提供して費用を受領する業務活動をいいます。通貨兌換，口座管理，電子銀行，クレジットカード，信用状，財務保証，資産管理，信託管理，ファンド管理，金融取引所（プラットホーム）管理，資金決済，資金清算，金融支払等のサービスがあります。

増値税が課税されるのは，中国国内において貨物を販売し，加工修理整備役務を販売する場合または中国国内においてサービス，無形資産，不動産を販売する場合です（増値税については第２章参照）。

中国国内においてサービスを販売するとは，その販売者または購入者のいず

第8章 民間融資の禁止

れかが中国国内に所在することをいいます。

　このようにサービスについては，サービス提供者が中国国内に所在する場合だけではなく，サービスの購入者が中国国内に所在する場合にも国内取引として増値税が課税されます。

第9章

発展途上国と先進国のはざまの
中国移転価格税制
―国連移転価格マニュアルと BEPS 報告書

1　中国移転価格税制の歴史

　中国の移転価格税制は1991年に税法で初めて明文化されてから1998年に本格的な移転価格税制が確立され，国家税務総局と深圳税務局に移転価格の専門部署が設置されました。

　2002年には中国沿海地域の中小規模の外資系企業に対して移転価格調査が行われ，2003年には外資系の多国籍企業グループと中国内資の企業集団が重点調査の対象となり，企業グループの中国各地の重要拠点が一斉に共同調査されました。

　当時の移転価格の重点調査企業の選定基準には，

> ①　2年連続欠損の企業，薄利または軽微な欠損でありながら企業規模を持続的に拡大している企業
> ②　企業所得税の減免税期間が終了した直後に利益率が急落した企業
> ③　タックスヘイブンの関連企業と取引を行なっている企業
> ④　税務局の管轄区域内の同業種の利益水準より低い利益率の企業

等が掲げられています。

　これは当時の税務機関が，外資系企業の過半数が欠損企業であり，その相当数の企業が逆粉飾を行なっており，虚偽の欠損を計上しているが実際には黒字企業が多いという認識で，その主な租税回避方法として，高進低出，資本弱化，優遇税制，タックスヘイブン，流通税の利用があると考えられていたからです（資本弱化，優遇税制，タックスヘイブンについては126ページ「Column ⑪

115

第9章　発展途上国と先進国のはざまの中国移転価格税制

2000年代の移転価格問題」をご参照ください)。

調査の始まりは委託加工企業の「高進低出」

中国の移転価格調査は委託加工企業の高進低出から始まっています。

中国語で「進」とは輸入であり「出」とは輸出のことです。「高進」とは，国外親会社から高い価格で機械設備や原材料部品等を輸入することをいいます。「低出」とは，低い価格で加工製品を輸出することです。

すなわち「高進低出」とは，委託加工企業の利益を過少に計上し，実質的な利益（所得）を価格操作により国外に移転することをいいます。このような「高進低出」は，当時の移転価格事例の租税回避金額の6割に達するといわれていました。

【図表9－1】
中国の移転価格を利用した租税回避

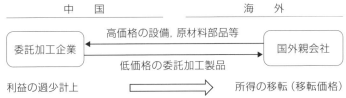

流通税と国内移転価格

中国の移転価格税制の特徴は，日本の法人税に相当する企業所得税の移転価格税制だけではなく，増値税や消費税にも移転価格税制が適用されていることです。

中国の消費税（増値税）はメーカーの工場出荷価格に課税されます。そこで，当時の中国では，各地域によって企業所得税の税率も異なっていたため，税率の低い地域に販売子会社を設立して，基本税率が課税される製造工場の工場出荷価格を低く設定して，企業所得税と消費税の租税回避を行なうことがありました。

すなわち，中国の移転価格税制の最も大きな特徴は，中国国内の地域によって企業所得税の税率が異なる状況があったことから，中国国内取引についても移転価格税制が適用されることにあります。

現在ではこのような地域別の企業所得税の優遇税制は西部地域に限定されていますが，中国は各地方の省政府がかなりの権限を持っており，省政府の管轄地域を跨って取引される国内関連者間取引も移転価格税制の対象となっています。同一管轄地域内の移転価格については問題になりませんが，管轄地域が異なる地方政府間の移転価格は移転価格税制の対象となっています。

移転価格算定方法の転換―正確な租税回避の実態把握のために

2003年の新聞報道によれば，当時の外資系企業の相当数が実際には利益であるにもかかわらず虚偽決算によって欠損となっており，特に，広東省の委託加工企業では租税回避行為が比較的多いと報じられていました。

このような欠損企業に対しては正常な利益率が適用されるべきとして移転価格調査が行なわれましたが，当時は移転価格の算定方法として伝統的な基本三法（独立価格比準法，再販売価格基準法，原価加算法）が適用されており，利益分割法や取引単位純利益法（取引単位営業利益法）はまだ本格採用されていませんでした（移転価格算定方法の詳細については128ページ「**Column ⑫中国の移転価格算定方法**」をご参照ください）。

しかし，2004年から伝統的な基本三法では比較可能取引を見出すことは困難であることから，代替的な利益分割法や取引単位純利益法を選択適用できる方向に転換しています。

このような方向転換に歩調を合わせて，比較可能取引や比較可能企業を見出すために，2004年には政府部門内のデータベースを活用するようになり，2005年には海外情報会社のデータベースも活用するようになりました。利益分割法や取引単位純利益法の活用に合わせて，2007年から対象企業の機能リスク分析が重視されるようになりました。

2007年には，中国国内の外資系の委託加工企業に対して機能とリスクの分析を行なって，単一の生産機能のみを有する委託加工企業については一定の利益が存在するはずであり，生産機能以外の機能がなくリスクも負わない委託加工企業が欠損や低い利益率を出すことはありえないとする移転価格政策が実行されました。

第9章　発展途上国と先進国のはざまの中国移転価格税制

あらゆる租税回避対策を扱う特別納税調整実施弁法（試行）の発布

国家税務総局は2009年に企業所得税法の実施細則となる「特別納税調整実施弁法（試行）」（国税発［2009］2号）を発布しました。この実施弁法は，それまでの移転価格税制と租税回避対策の実施状況を踏まえた包括的な租税回避対策税制です。

中国では，「特別納税調整」とは包括的な租税回避対策税制を総称する用語であり，2009年の実施弁法には，すべての租税回避行為に関係する関連者の定義，移転価格文書，移転価格税制，事前確認制度，コストシェアリング契約，タックスヘイブン対策税制，過少資本税制，その他の租税回避対策税制，対応的調整と相互協議等の規定が含まれています。

この中でも特に移転価格文書の作成規定は外資系企業に大きな影響を与えました。この実施弁法によって，外資系企業は企業所得税の確定申告期限である毎年5月末までに年度関連取引往来報告書を提出し，同期資料を毎年6月末までに作成することが義務付けられました。作成した同期資料は税務当局から要求された時には提出しなければなりません。

なお，これらの移転価格文書は国家税務総局が2016年6月に発布した「関連申告と同期資料の管理の改善に係る事項に関する公告」（国家税務総局公告2016年第42号）により，国別報告書とマスターファイル，ローカルファイル，特別事項ファイルとして改正されました。年度関連取引往来報告書は従来どおり企業所得税の確定申告期限までに提出が義務付けられていますが，その様式と内容は改正されています。

2　国連移転価格マニュアルが示す発展途上国としての中国の移転価格実務の論点

経済協力開発機構（OECD）は2010年7月に「多国籍企業と税務当局のための移転価格ガイドライン」を発表しました。このOECDの移転価格ガイドラインは先進国企業の居住地国（本国）での課税権を重視しており，発展途上国の課税権より先進国の課税権を優先させるものでした。

これに対して発展途上国の立場を重視する国際連合は2012年10月に草案を発表し，2013年10月に「発展途上国のための移転価格実務マニュアル」を正式に

発表しました。この国連移転価格マニュアルの第10章「国別実務」では，ブラジル，中国，インド，南アフリカが自国の移転価格実務を紹介しています。

中国の移転価格実務は国家税務総局の移転価格担当者としての個人的見解が述べられていますが，国家税務総局の基本的な考え方が含まれています。ここでは，国連移転価格マニュアルの中国実務の論点を紹介します。

コスト・セービング（ロケーション・セービング）

国連移転価格マニュアルには，

> 発展途上国の関連企業の利益率を決定するのに，発展途上国には比較可能な独立企業がないかまたは少ないため，どうしても先進国の比較可能な独立企業の営業利益率（フルコスト・マークアップ率，営業利益÷（原価＋営業費用））を参照しなければならない

とあります。

例えば，先進国の比較可能企業の営業利益率が8％である場合には，発展途上国の関連企業の営業利益はフルコスト100×8％＝8となりますが，先進国と比較して発展途上国のフルコストはかなり低くなります。

節約コストは150－100＝50で，コスト・セービングによる追加利益50×8％＝4は関連企業の利益です。関連企業の営業利益＝100×8％＋ロケーション・セービング（150－100）×8％＝12となります。

【図表9－2】
発展途上国の営業利益は8ではなく，12（営業利益率8％の場合）

このコスト・セービング（節約コスト，ロケーション・セービングともいう）による追加利益は，その全額が発展途上国の関連企業の利益に帰属すべきであるということです。

このようなロケーション・セービング以外にも，発展途上国には地域固有の優位性があるのでそれらを考慮しなければならないといわれています。

第9章　発展途上国と先進国のはざまの中国移転価格税制

その他の地域固有の優位性

国連移転価格マニュアルでは，地域固有の優位性についてコスト・セービングの他に，当時の中国市場の優位性，自動車産業の優位性等のマーケット・プレミアムを主張しています。具体的なマーケット・プレミアムは以下が挙げられます。

中国市場の優位性—	出稼ぎ労働者の低いコストとインフラコスト
	新産業への素早い労働移動の優位性
	人口増加により成長している巨大な消費市場
	外国製品とぜいたく品への強い消費者需要
自動車産業の優位性—	国内ブランドより外国ブランドへの選好性による高価格
	価格弾力性のない旺盛な需要が高価格を維持
	国内生産能力が国内組立自動車の供給を制限し高価格
	完成品より部品の輸入関税を低くして低コストを実現
	国内下請けの高品質と大量供給で低コスト維持

委託加工・研究開発・電子機器製造受託サービス（EMS）

【図表9－3】
中国における委託加工・研究開発・EMSと外国企業との関係

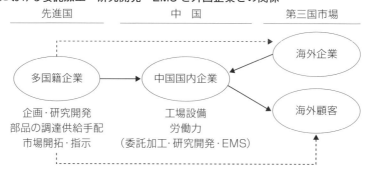

委託加工，研究開発，電子機器製造受託サービス（EMS）については，下記のような中国実務の論点があります。

委託加工と研究開発
➢多国籍企業は，海外に製品を供給するため中国の豊富で安価な労働力を確保す

るための委託加工拠点を設立し，海外基準に向けて研究開発拠点を設立して，現地市場に輸入部品を物流する販売拠点を設立する。

➤多国籍企業は，製造，物流，研究開発，サービスのような単一機能のみを行う会社を国内に複数設立して，リスクを低く設定して利益を限定

➤多国籍企業が複数の単一機能の事業体を有する時は，グループ会社の適切なリターンを算定するためにはその全体を1つとして考慮する。

➤多国籍企業が戦略的意思決定，製品開発，販売機能を行わないで単一生産機能のみを有する場合は，戦略上の失敗，労働力不足，販売滞留等のリスクと損失を引き受けていないので，一定の利益水準を確保できるので，原則として欠損はあり得ないはずである。

電子機器製造受託サービス（EMS）

➤多国籍企業の製造と組立は中国関連企業にアウトソースされている。豊富な労働力と設備の大多数は中国に所在し，本社と重要な顧客は国外に所在する。

➤機能とリスク分析による比較可能企業の価格と利益率に基づく伝統的アプローチではなく，企業グループのバリュー・チェーン分析による利益貢献度合で利益を決定するグローバルなフォーミュラリー・アプローチが現実的かつ適切な選択肢である。

➤これに代る代替的方法としてグループ全体の合算利益から基本利益を控除した残余利益を関連企業に分割する残余利益分割法の適用が望ましい。

➤このほか，潜在的な代替案として中国製造業者の比較可能対象グループの成果を利用して，使用した資産と資本の収益率に基づいて中国製造業者を評価することもある。

無形資産の価値

無形資産の価値については次のような中国実務の論点があります。

➤ロイヤルティは10年で保護期間が終了するので，ロイヤルティの料率（一般的には3％から5％）も一定期間が過ぎたら企業に貢献しているかどうかの見直しが必要である。

➤当初は外国企業から提供された特許権やノウハウについてもその後の改良やアップディトは中国子会社が行ったものであるから，その無形資産価値は中国子会社の財産である。

➤中国子会社が行った研究開発の価値は多国籍企業グループ全体の事業価値の中

第9章 発展途上国と先進国のはざまの中国移転価格税制

第9章　発展途上国と先進国のはざまの中国移転価格税制

で判断すべきである。
➤中国市場を開発するために蓄積されたブランドや物流システムはマーケティング無形資産として正しく評価しなければならず，そのマーケティング無形資産の利益貢献価値は中国子会社に帰属すべきものである。

3　BEPS と中国移転価格税制

　BEPS（税源侵食と利益移転，Base Erosion and Profit Shifting）とは，OECD 租税委員会が2012年6月にプロジェクトを立ち上げ，2013年7月にG20財務大臣・中央銀行総裁会議で公表され，G20諸国から全面的な支持をうけたプロジェクトで，経済のグローバル化に伴い国際的な多国籍企業グループが各国税制の弱点や不統一性を利用して，国際的な節税対策によって税負担を著しく軽減している税務問題に対処するために立ち上げられたものです。

　この「OECD/G20 BEPS プロジェクト」には，OECD 加盟国のうちの34か国，G20の非加盟国8か国（中国，インド，ロシア，アルゼンチン，ブラジル，インドネシア，サウジアラビア，南アフリカ），その他の発展途上国19か国の合計61か国が参加しました。

　中国，インド，ブラジル，南アフリカ等の OECD 非加盟国は，OECD 加盟国と同等に意見を述べて意思決定に参加しており，BEPS の最終報告書と今後の OECD の監視活動等について OECD 加盟国と同等の権利を有し，遵守する義務を負っています。

　さて，BEPS の報告書には次のようなものがあります。

Action 1	電子経済の税務課題への対処
Action 2	ハイブリッド・ミスマッチの取決め効果の無効化
Action 3	効果的な CFC ルールの設計
Action 4	利息控除と他の金融支払に関係する税源浸食への制限
Action 5	透明性と実質性を考慮した有害租税実務への効果的取組み
Action 6	不適切な状況下における租税条約の特典条項の濫用防止
Action 7	PE 認定の人為的回避の防止

Action 8-10	移転価格の成果と価値創造の連携
Action 11	BEPS の測定とモニタリング
Action 12	強制的開示規則（アグレッシブ・タックス・プランニング）
Action 13	移転価格文書化と国別報告書
Action 14	紛争解決メカニズムの効果的実施
Action 15	二国間租税条約を修正する多国間政府協定の開発

　上記のうちの Action 8-10は OECD が過去に発表した移転価格ガイドラインの改訂も視野に入っています。

　中国の国家税務総局は Action 8-10に基づいて2017年に国家税務総局公告第6号を発布しました。

　また，Action 13は移転価格文書（同期資料）と国別報告書に関するものであり，これに基づいて国家税務総局は2016年に国家税務総局公告第42号を発布しました。前述した国連移転価格マニュアルの中国実務の論点に関係するBEPS と国家税務総局公告を要約すれば，次のとおりです。

BEPS	中国税務公告	BEPS に関連する内容
Action 8-10 移転価格税制	2017年6号	コスト・セービングとその他地域的特殊要素
		グローバル・オペレーション・プロセス
		無形資産の価値貢献活動としての機能
		無形資産の評価技法
		ライセンス・フィーとサービス・フィー
Action 13 移転価格文書	2016年42号	移転価格文書（同期資料） マスターファイルとローカルファイル
		国別報告書

　ここからは，BEPS の報告書の内容について中国の移転価格税制の実態との比較から詳しく見ていきます。

地域固有の優位性と市場固有の特徴

　Action 8-10では「市場固有の特徴」という用語も定義されています。例えば，特定市場の家計の高い購買力は一定の贅沢な消費財のために支払われる価

第9章　発展途上国と先進国のはざまの中国移転価格税制

格に影響を与え，同様に，普遍的に低い労働コスト，市場への近接性，恵まれた気候条件等，これらに類するものは，特定の市場における一定の商品とサービスのために支払われる価格に影響を与える場合があります。

しかしながら，このような「市場固有の特徴」は，所有されまたはコントロールされる能力はなく，したがって無形資産の定義の範囲内の無形資産ではなく，移転価格の比較可能性分析を通して移転価格分析において考慮されるべきものであると結論されました。

国連移転価格マニュアルで主張されたコスト・セービング（ロケーション・セービング）と地域固有の優位性は無形資産の範囲内の概念ではなく，独立企業間価格の比較可能性分析で考慮する比較可能性要素として取り扱うこととなりました。

国連移転価格マニュアルの中国実務の論点で示された節約コストは，その全額が発展途上国の関連企業に帰属するものではなく，比較可能企業の比較可能性分析に基づいて考慮されるという原則に基づいて検討されます。

グローバル・オペレーション・プロセス

国連移転価格マニュアルの中国実務の論点で提起されたフォーミュラリー・アプローチは，OECD 移転価格ガイドラインで紹介されたグローバル・フォーミュラリー・アポーションメント（全世界定式配分）に類似した専門用語です。

グローバル・フォーミュラリー・アポーションメントとは，連結基準で計上した多国籍企業の利益を異なる国の関連企業間に事前に決定された機械的な公式で配分する方法です。

この全世界定式配分方法は，移転価格の大原則である独立企業原則の代替法として，各国の課税権を跨る利益の適切な水準を決定する方法ですが，国際間では実際に適用されることはなく，OECD ガイドラインが独立企業原則を採用した時に廃止された方法ですので，この方法の代替的方法として利益分割法の採用が提起されました。

ただし，グローバルな視点から中国国内の外資系企業の利益を判断するという中国実務の論点は継続されており，2017年第6号公告では，グローバル・オペレーション・プロセスという用語のみが提起されています。

また，国家税務総局は2015年に発表した特別納税調整実施弁法の公開草案で

価値貢献分配法という中国固有の評価技法を提起しています。ただし，この価値貢献分配法はその後の正式な税務公告では記載されていません。

2016年第42号公告の移転価格文書（ローカルファイル）の中では，グローバルなバリュー・チェーン分析による利益配分の結果を記載することを要求しています。

無形資産の価値貢献活動

BEPS の Action 8-10「移転価格の成果と価値創造の連携」に関連して，国家税務総局は2017年 3 月17日付で「特別納税調査調整及び相互協議手続管理弁法」（国家税務総局公告2017年第 6 号）を発布しました。この2017年第 6 号公告は基本的に BEPS の Action 8-10と同様の内容となっています。

しかし，無形資産の価値貢献活動に「推進拡大」という中国固有の機能を追加していることに特徴があります。

Action 8-10では，無形資産の法的所有者は無形資産の有効利用による収益を受け取っており，法的所有者以外の関連者は，無形資産の開発，価値上昇（改良），メインテナンス，保護，有効利用という経済活動の機能を遂行し，その資産を使用し，そのリスクを引き受けて，その創造した価値に貢献している場合に，その貢献に対して独立企業原則に従って補償が行われなければならないとしています。

このように無形資産の価値貢献活動の機能を開発，価値上昇（改良），メインテナンス，保護，有効利用と定めているのに対して，2017年第 6 号では「推進拡大」の機能を追加しています。

2017年第 6 号公告では，関連者が例えば国外企業から無形資産使用権（ライセンス）を譲り受けてライセンス・フィーを支払っている場合に，事後的な無形資産の開発，価値上昇，メインテナンス，保護，有効活動，推進拡大を行って利益に貢献したがまだ合理的な補償を受けていない場合には，税務機関は移転価格調査を行って，その関連者の支払ったライセンス・フィーについてその費用計上を修正することができるとしています。

この規定の内容は，国連移転価格マニュアルの中国実務の論点にあった，中国市場を開発するために蓄積されたブランドや物流システムはマーケティング無形資産として正しく評価しなければならず，そのマーケティング無形資産の

第9章　発展途上国と先進国のはざまの中国移転価格税制

利益貢献価値は中国子会社に帰属すべきものであるという論点と共通するものがあります。

なお，マーケティング無形資産については，BEPSのAction 8-10「移転価格の成果と価値創造の連携」の中の「無形資産－移転価格ガイドラインの第6章の改訂」で次のように定義されています。

> マーケティング活動と関連する無形資産で，製品またはサービスの商業利用を目的とし，関連する製品またはサービスにとって重要な促進的価値を有するものである。マーケティング無形資産には，例えば，商標，商号，顧客リスト，顧客関係，ならびに顧客に対するマーケティングと財またはサービスの販売に用いられるかこれを目的とする所有財産としてのマーケットデータと顧客データがある。

移転価格文書

国家税務総局は2016年6月29日付で「関連申告と同期資料の管理の改善に係る事項に関する公告」（国家税務総局公告2016年第42号）を発布し，同時に中国の移転価格文書である「中華人民共和国企業年度関連取引往来報告表」（年度関連取引報告表）と「同期資料」の改訂を行い，移転価格文書化と国別報告書の制度を導入しました。

2016年第42号公告は，BEPSのAction 13「移転価格文書化と国別報告書」に基づいて，マスターファイル，ローカルファイル，特別事項ファイルという移転価格文書（同期資料）と国別報告書の様式と内容を規定した税務法規です。

Column ⑪

2000年代の移転価格問題

資本弱化

資本弱化とは過少資本のことであり，国外関連企業から高利息の借入を

受けて，利子負担を増加させる租税回避行為であり典型的な移転価格事例
ともなっています。中国では，外資系企業に対しては投資総額による資本
金出資割合の規制があり過少資本にはなりにくい状況がありますので，資
本弱化の問題は主に中国内資の企業集団で発生していました。

　貸付利率を調整する移転価格は，中国国外との関連者取引のほかに中国
国内の省政府管轄地域を跨る関連者間取引についても適用されていました。

　中国の移転価格税制は国外関連者間取引だけではなく，国内関連者間取
引にも適用されています。

タックスホリディ（優遇税制）

　当時の外資系企業の企業所得税法では2免3減といわれるタックスホリ
ディがあり，企業が創業当初の欠損金を利益で補填して黒字となった2年
間は免税，その後の3年間は税金が半減されていました。このタックスホ
リディが終了した後に移転価格により利益率を調整して租税回避を図る方
法です。

　当時の国税当局によれば，このような利益操作が目に余る企業があった
ということです。現在ではこのような優遇税制は廃止されましたので該当
はありませんが，西部地域の企業所得税率の優遇措置は残っています。

タックスヘイブン

　海外から中国への投資はタックスヘイブン経由のものが少なくありませ
ん。欧米企業，台湾，韓国，華僑による中国投資はリスクの回避と節税の
ためタックスヘイブン経由の投資が多くあります。

　中国の内資企業も国外に親会社を設立する事例がありますが，その国外
親会社または国外子会社の設立地域にはタックスヘイブンが利用されてい
ます。

　2002年当時は，中国の長江三角州地域で，英領バージン諸島のタックス
ヘイブンによる租税回避の事例が報告されています。

第9章 発展途上国と先進国のはざまの中国移転価格税制

第9章　発展途上国と先進国のはざまの中国移転価格税制

Column

中国の移転価格算定方法

　中国の移転価格算定方法には，独立価格比準法（中文は可比非受控価格法），再販売価格基準法（中文は再銷售価格法），原価加算法（中文は原価加成法，原価基準法に相当），取引単位純利益法（中文は交易浄利潤法，取引単位営業利益法に相当），利益分割法（中文は利潤分割法），その他の方法があり，日本の移転価格算定方法のような適用の優先順位はなく，適用可能であればどの方法でも並列的に適用されます。

独立価格比準法	独立価格比準法とは，関連関係のない取引各当事者が行う同一または類似の取引の価格により価格決定を行う方法をいう。
再販売価格基準法	再販売価格基準法とは，関連者が仕入れた商品を関連関係のない取引者に再販売する価格から，同種または類似の取引の売上総利益を減額控除して価格決定を行う方法をいう。
原価加算法	原価加算法とは，原価に合理的費用と利益を加算して価格決定を行う方法をいう。
取引単位純利益法	取引単位純利益法とは，関連関係のない取引各当事者が同種または類似の取引を行って取得する純利益水準により利益を決定する方法をいう。
利益分割法	利益分割法とは，企業とその関連者の合算の利益または損失を各当事者の間で合理的な基準を採用して配分を行う方法をいう。
その他の方法	その他の独立取引原則に該当する方法

　2017年第6号公告では，取引単位純利益法（取引単位営業利益法）について，利息税金控除前利益率，フルコスト・マークアップ率，資産収益率，ベリー比率の計算公式が明確にされました。また，これまで明確ではなかっ

128

たその他の方法として，原価法，市場法，収益法が明記されました。

BEPSのAction8「無形資産－価値創造に対応する移転価格の成果」で，無形資産の評価技法として認められたDCF（Discounted Cash Flow Method）法は収益法に含まれますが，2017年第6号公告ではDCF法は明記されていません。

また，特別納税調整実施弁法の公開草案で独自に規定されていた「価値貢献分配法」もこの2017年第6号公告では明記されませんでした。

Column ⑬

BEPSのAction 13と中国移転価格文書

BEPSのAction 13はマスターファイル，ローカルファイル，国別報告書の3層構造の移転価格文書を開発しました。マスターファイルは，税務当局が重要な移転価格リスクの存在を評価するために，多国籍企業グループのグローバルな事業運営の性格，全体的な移転価格政策，所得と経済活動のグローバルな配分というハイレベルな外観を提供するものです。

また，ローカルファイルは特定の会社間取引に関連するさらに詳細な情報を提供するものになります。

中国の国別報告書（国別分布表，構成員実体名簿，追加情報表）の記載項目と様式は，Action13の国別報告書の記載項目と様式のモデルをそのまま採用しています。

第10章

2019年から大きく変わった
中国の個人所得税
─居住者の区分の変更と総合所得課税の導入

1 個人所得税の改正

　中国の2018年の租税収入は，国内の増値税収入が税収全体の39％，企業所得税が22％，個人所得税が9％で，その他の税収が30％という税収構造になっています。日本の税収割合は，2018年度で消費税が33％，法人税が22％，所得税が32％となっているのと比べると，中国の個人所得税の税収に占める割合はかなり少ないものとなっています。

　これは，中国の税収はもともと増値税を中心とした間接税が大半を占めており，企業所得税や個人所得税という直接税の割合はかなり小さいものだったからです。

　中国の経済発展により税収構造は大きく変化し，現在は企業所得税や個人所得税の割合が増えていますが，それでも個人所得税の割合はかなり小さな水準となっています。

中国所得税法の改正は免税枠拡大の歴史

　個人所得税法は1980年9月に制定されて38年が経過しその間に6回修正されましたが，いずれの修正も貧困層や低所得者層に対する免税枠の拡大が主な改正項目でした。

　中国政府が個人所得税法の改正についてこれまで慎重であったのは，個人所得税が国民の日常生活に直結する税金であり，社会の安定が最も重視されてきたからです。本格的な税制改正は38年間見送られてきました。

2018年の抜本改正

しかし，2018年8月の個人所得税法改正では，貧困層に対する免税枠の拡大と低所得者層に対する税金負担の軽減のための税率の改正のほかに，これまでになかった本格的な改正項目も含まれました。

その主要な改正項目は，居住者と非居住者の区分変更，総合課税制度の導入，所得控除項目の見直し，納税申告と源泉徴収制度の改正などです。これらの改正項目は数十年にわたる検討課題でしたが，その一部がやっと実施されることになったのです。

税率の改正

下記の税率表は，改正前の旧税法の賃金給与所得の年間ベースの税率表と，改正後の新税法の賃金給与所得を含む総合所得の税率表を比較したものです。

この税率表を見て分かるように，個人所得税を課税する起算点は18,000元から2倍の36,000元（為替レートは2019年3月の1元＝16.5円で換算，年収約60万円程度）に引き上げられており貧国層の免税枠は大幅に拡大しています。等級1から2の低所得者層の課税所得範囲も54,000元から約2倍の144,000元（年収約240万円程度）まで引き上げられています。

新税法の等級の年収144,000元から300,000元（年収約500万円）の中所得者層の税率は25％から20％に引き下げられています。中所得者層の税負担も5％軽減されています。

これに対して，300,000元以上の高所得者層と富裕層の課税所得範囲と税率は変わっていません。このように中国の個人所得税法で最も重視されているのは，経済発展に取り残された貧困層と低所得者層の日常生活を安定させることなのです。

■旧税法と新税法の税率表の比較（年間課税所得ベース）

等級	旧税法の賃金給与所得税率表	新税法の総合所得税率表	税率
1	18,000元を超えない部分	36,000元を超えない部分	3％
2	18,000元を超え54,000元までの部分	36,000元を超え144,000元までの部分	10％

第10章　2019年から大きく変わった中国の個人所得税

3	54,000元を超え108,000元までの部分	144,000元を超え300,000元までの部分	20%
4	108,000元を超え420,000元までの部分	300,000元を超え420,000元までの部分	25%
5	420,000元を超え660,000元までの部分	420,000元を超え660,000元までの部分	30%
6	660,000元を超え960,000元までの部分	660,000元を超え960,000元までの部分	35%
7	960,000元を超える部分	960,000元を超える部分	45%

　このような税率の変化は中国国内に居住する中国人だけではなく，中国に出張または出向する日本人の個人所得税負担にも大きな影響を与えています。

　簡単に言えば，年収500万円までの給与所得者の税金負担は以前より軽減されることになり，年収500万円を超える給与所得者の税金負担は従来と同じようにかなり高額な税負担となっています。

日本よりはるかに高い中国の個人所得税の課税所得額

　日本の給与所得の課税所得計算では，給与収入から給与所得控除が差し引かれて給与所得の課税所得額が計算されます。

　例えば，年収500万円の給与収入の場合には154万円の給与所得控除が差し引かれて給与所得の課税所得は346万円になります。このような給与所得控除は給与収入の約3割から約4割の割合で控除されますので，日本の給与所得の課税所得額はこれだけで税負担はかなり軽くなります。

　中国の個人所得税には日本の給与所得控除のような控除項目はなく，費用控除は月5千元（年間6万元，約99万円）しかありません。

　したがって，日本人の給与所得者が中国で個人所得税を課税される場合には，日本と比べてはるかに高い課税所得額となり高額な所得税が課税されることになります。

　上記した新税法の税率表と日本の所得税の税率表を単純化して比較すれば，次のとおりです。為替レートは新税法関連法規が発布された2019年3月の16.5元と仮定し，日本円は概算で表示しています。

■中国の税率表と日本の税率表の概要

区分	新税法の総合所得税率表		日本の所得税の税率	
	課税所得	税率	課税所得額	税率
1	36,000元（約60万円）未満	3%	約195万円未満	5%
2	144,000元（約240万円）まで	10%	約330万円未満	10%
3	300,000元（約500万円）まで	20%	約695万円未満	20%
4	420,000元（約700万円）まで	25%	約900万円未満	23%
5	660,000元（約1,100万円）まで	30%	約1,800万円未満	33%
6	960,000元（約1,600万円）まで	35%	約4,000万円未満	40%
7	960,000元（約1,600万円）超	45%	約4,000万円以上	45%

このように，中国の税率表は課税所得額が約1,600万円超で最高税率に達します。

なお，日本には所得税のほかに住民税があり中国には住民税がありませんので，総合的な税負担を比較するときには日本の住民税も考慮する必要があります。日本の住民税には均等割と所得割があり，地域によって異なりますが，均等割は年5,000円以内，所得割は所得税とは若干異なる課税所得計算したうえで10％程度の税金がかかります。

次に，上記の税率表を適用する課税所得額の計算方法を比較します。

中国の総合所得課税

日本の給与所得の税額計算では，一般的に課税所得額を計算するときには次のように計算します。

給与所得の課税所得額＝給与収入額－給与所得控除－社会保険料控除－生命保険料控除－配偶者控除－扶養控除－基礎控除（33万円）－その他控除

中国の旧税法では総合所得課税が採用されていなかったため，給与所得者の課税所得計算は次のように行われていました。

給与所得の課税所得額＝給与収入額－社会保険料等－費用控除

なお，中国人と外国人では計算方法が異なっていました。費用控除は中国人

第10章　2019年から大きく変わった中国の個人所得税

が3,500元，外国人が4,800元でした。社会保険料等についても，中国人は基本養老保険と住宅公積金がありましたが，外国人は基本養老保険のみとなっていました。これらの社会保険料等については後述します。

新所得税法では控除対象が広がった（ただし中国居住者のみ）

新税法では新たに総合所得課税方式が中国居住者にのみ採用されました。総合課税方式については**第11章「新個人所得税法下の中国の源泉徴収と自己申告納付の仕組み」**で詳しく説明しますが，課税所得計算を簡単に表示すれば次のとおりです。

給与所得の課税所得額＝賃金給与収入額－控除費用（年6万元）－特定控除（社会保険料と住宅公積金）－特定付加控除（子女教育，継続教育，大病医療，住宅貸付金利息または住宅賃料，老人養護費等）－その他の控除（企業年金，職業年金，商業健康保険，商業養老保険等）

このように新税法では居住者に対してのみ総合所得課税方式を採用することとし，総合所得の課税所得計算では従来の控除費用の額を月5千元（年6万元）にして，従来の社会保険料と住宅公積金以外に，特定付加控除とその他の控除を認めるようになりました。

ただし，非居住者の給与所得の課税所得計算では控除は月5千元（年6万元）の費用控除しか認められていません。居住者と非居住者の区分については後ほど詳しく説明します。ここでは，旧税法と新税法に共通する社会保険料と住宅公積金について説明します。

中国の養老保険制度

中国の公的年金制度である養老保険制度は，3つのレベルに区分されています。第1レベルは基本養老保険，第2レベルは補充養老保険，第3レベルは個人貯蓄型養老保険です。

基本養老保険制度

第1レベルの基本養老保険には，都市の従業員養老保険と住民社会養老保険および新型農村社会養老保険があります。

都市の従業員養老保険の加入者は2011年末現在で2.8億人に達しており，政府機関・企業・事業単位とその従業員，個人事業主とその補助者，自由職業者，非正規労働者等が対象者となっています。日系企業とその中国人従業員は，この都市の従業員養老保険が適用されており，一部の都市では外国人駐在員にも適用されています。

　都市の住民社会養老保険は2011年に試行された，都市の戸籍を有する就業者以外の住民に適用する基本養老保険です。新型農村社会養老保険は，2009年に試行された，都市の従業員養老保険と住民社会養老保険に加入していない農村住民に適用する基本養老保険です。この両制度の加入者は2011年末に３億人に達しています。

　中国の社会保険法では，これらの基本養老保険のほかに，基本医療保険，労災保険（工傷保険），失業保険，出産育児保険（生育保険）が規定されています。

　これらの社会保険は５険と呼ばれており，従業員に住宅を提供するための公的積立金制度である住宅公積金と合わせて５険１金として，政府機関，企業，事業単位等の従業員の基本的な福利制度を構成しています。住宅公積金とは，企業が国家の定める基準と割合により計算する，住宅公積金管理機構に納付するものです。

　最新の基本養老保険制度の動向については149ページ「Column ⑭中国の養老保険制度」をご参照ください。

補充養老保険制度と個人貯蓄型養老保険制度

　第２レベルの補充養老保険制度には，企業補充養老保険と補充医療保険があります。企業補充養老保険は，1991年に11業種の中央政府大型国有企業に試行され，その後，地方政府の大型国有企業等にも拡大されました。2000年に企業補充養老保険は企業年金と名前が改められましたが，その経済規模は小さく，2010年末現在でも加入企業は3.7万社，加入した従業員は13百万人に過ぎません。

　この企業補充養老保険は，制定当初は，第３レベルの個人貯蓄型養老保険と一体となって運用されていました。企業が従業員の前年度末賃金給与の５％を企業補充養老保険として積み立て，個人貯蓄型養老保険は，従業員個人の前年度末賃金給与の３％を企業が給与から源泉徴収して，それぞれの専用口座に積

第10章 2019年から大きく変わった中国の個人所得税

み立てるものだったのです。

　なお，企業補充養老保険（企業年金）と個人貯蓄型養老保険は相関関係にあり，従業員は個人貯蓄型養老保険に加入しなければ，企業補充養老保険の年金給付を受けることはできません。

　補充養老保険には，この企業年金の他に補充医療保険があります。補充医療保険は，1998年に現在の都市従業員の基本医療保険制度が整備された時に，基本医療保険制度に加入している企業が従業員個人の医療費負担を軽減するための制度で，補充医療保険の制定と加入は，強制ではなく任意となっています。

　補充医療保険は2002年の実施当初は，従業員の賃金総額の４％の範囲内で保険料を納付し，その企業または業界団体が保険資金を集中的に管理して，従業員個人の医療費補助を支給するものでした。

商業保険（公的年金制度外）

　企業年金と補充医療保険と第３レベルの個人貯蓄型養老保険は公的年金制度ですが，これらの養老保険を補充するものとして，保険会社の商業保険が存在します。商業保険の範囲には，公的年金制度である基本養老保険，補充養老保険，個人貯蓄型養老保険を補完する多種多様な保険があります。

　このように，基本養老保険と住宅公積金は旧税法でも控除項目とされていましたが，新税法ではこれらの基本的な５険１金以外の補充養老保険と個人貯蓄型養老保険の一部を特定控除またはその他の控除として認めています。

2018年６月の税務局の統合と社会保険料徴収体制の整備

　2018年３月17日に開催された第13期全人代第１回会議で「国務院機構改革方案」が承認され，国家税務局（国税局）と地方税務局（地税局）の統合が決定されました。

　この決定により，中国全土に設置されている国家税務局と地方税務局を合併して１つの税務局として統合し，この税務局が租税と租税以外の財政収入を徴収する職責を果たすべきこと，および国家税務総局は各地方の省級人民政府との二重指導管理体制を実行することが決定されました。

　2018年６月15日には，中国全土の各省，自治区，直轄市と計画単列市の国家税務局と地方税務局は正式に合併統合し，新しい税務局の統一的な名称となる

看板を掲げました。

　新たな税務局の名称はすべて「国家税務総局××省（自治区，市）税務局」となり，従来の「××省（自治区，市）国家税務局」と「××省（自治区，市）地方税務局」の名称は廃止されました。

　同時に，基本養老保険，基本医療保険，失業保険等の社会保険料も税務局が統一して徴収する体制が整えられました。また，徴収した社会保険料収入を運営する全国社会保険基金の運営体制も財政部がその主体責任を負うこととし，基本養老保険制度の中国全土への拡充適用が進められている中で，基本養老保険料の徴収管理の強化とその運営体制の見直しが進められています。

外国人の納付する社会保険料

　中国では，養老保険の納付比率と納付基準額は，省級の地方政府が具体的に制定することになっています（例えば，北京市を例にとれば，基本養老保険の納付比率は会社が19％，個人が8％で，会社の納付金は基本養老保険の統合口座に積み立てられ，個人の納付金は基本養老保険の個人口座に積み立てられます）。

　したがって，外国人の社会保険料の納付状況も各都市，地域によって異なっており，例えば上海市では納付は行われていませんが，北京市等では納付が行われています。

■北京市の養老保険料率

基本養老		基本医療		失業		労災	生育	合計	
会社	個人	会社	個人	会社	個人	会社	会社	会社	個人
19%	8%	10%	約2%	0.8%	0.2%	0.2〜1.9%	0.8%	30.8%〜32.5%	約10.2%

　2005年以前の基本養老保険では，会社納付のうちの3％と個人納付の8％の合計11％が個人口座に積み立てられていましたが，2006年以後は個人納付分がそのまま個人口座に積み立てられています。個人口座は定年退職前に引き出すことはできませんが，銀行の定期預金利率で利息が加算され，利息の個人所得税は免税とされています。

　なお，養老保険料は従業員の前年度の月平均賃金給与（納付基数）に保険料率（納付比率）を乗じて計算しますが，個人の前年月平均賃金給与が上海市の

第10章　2019年から大きく変わった中国の個人所得税

全従業員の前年月平均賃金給与の上限金額を超える場合には，その上限金額に料率を乗じて計算します。

　企業所得税については，企業が規定の納付料率で納付した基本養老保険，基本医療保険，失業保険，労災保険，出産育児保険と住宅公積金，すなわち5険1金は，企業所得税の課税所得を計算する時に費用として税前控除すなわち損金算入することができます。

　個人所得税については，企業が規定の納付料率により実際に納付した基本養老保険，基本医療保険，失業保険については個人所得税が免税（所得控除）となります。労災保険と出産育児保険は個人納付がないので個人所得税は関係しません。外国人にこれらの養老保険を適用した場合も個人所得税は免税（所得控除）となります。

　なお，中国人にのみ適用される住宅公積金は，従業員本人の前年度の平均賃金給与の12％以内で実際に積み立てた金額が個人所得税の課税所得額から控除できます。

　個人が基本養老保険，基本医療保険，失業保険，住宅公積金の保険金収入等を実際に受け取った時は，その収入は個人所得税が免税されます。また，労災保険により労災従業員とその直系親族が取得した保険金収入についても，個人所得税が免税されています。

日中社会保障協定

　2018年5月9日に日本政府と中国政府との間で「社会保障に関する日本国政府と中華人民共和国政府との間の協定」（日中社会保障協定）が締結されました。この協定が発効される前までは中国に派遣された日本人は，日本の強制加入の年金制度と中国の強制加入で地方政府が実施している養老保険制度の年金を二重に負担することになっていました。

　2019年5月16日には，この協定が効力を発生するための外交上の公文が交換され，日中社会保障協定は2019年9月1日から効力を生ずることになりました。

　この協定は，日本国については日本国籍を有する日本国民，中国については中国国籍を有する個人に適用されます。適用される年金制度は，日本については強制加入の国民年金と厚生年金保険であり，中国については強制加入の基本老齢保険（基本養老保険）です。

この協定の規定により，派遣期間が5年以内の一時派遣被用者は，原則として派遣元国内で就労しているものとみなして，派遣元国の年金制度にのみ加入することになります。

派遣が5年を超えて継続される場合には，両国の権限のある当局または実施機関は派遣元国の法令のみを引き続き適用することについて合意することができます。

日本の実施機関である日本年金機構は協定に基づいて中国への年金制度への加入が免除されるための必要な書類である「適用証明書」の交付申請を2019年8月1日から受け付けます。

この協定の適用にあたっては，協定の効力発生前から派遣先国で就労していた者は，派遣期間は協定の効力発生日である2019年9月1日から開始したものとみなされます。

2　居住者と非居住者の区分

日本の所得税と同じく中国の個人所得税の納税義務者は居住者と非居住者に区分されています。居住者と非居住者を区分する基準には住所基準と居住期間基準があります。住所基準とは，中国国内に住所を有する個人を居住者と判定する基準です。中国国内に住所を有するとは，戸籍，家庭，経済的利益関係により中国国内に習慣的に居住することをいいます。

すなわち，個人が中国国籍を有するかどうか，中国国内に家庭が存在するかどうか，財産等の経済的利益関係が中国国内に存在するかどうかによって，その個人が習慣的に中国国内に居住する居住者かどうかを判定します。

旧税法と新税法のいずれでも，住所基準と居住期間基準によって居住者と非居住者を判断することについては同じです。ただし，旧税法では外国人は原則として中国に住所を有しないものと取り扱われていました。

中国が対外開放政策を展開した1980年代には外国人が住むことのできる家屋やマンションも少なく，中国国内に家庭を持つことも少なかったため，ホテルに居住する外国人をすべて居住期間基準で居住者か非居住者かを判断する実務は自然のことだったかもしれません。

しかし，現在では外国人が家庭や経済的利害関係を中国国内に有していても

第10章　2019年から大きく変わった中国の個人所得税

おかしくないので，中国国内に住所を有すると判断される外国人もいるかもしれません。

　中国国内に住所のない個人は居住期間基準で居住者個人と非居住者個人を判定します。2019年1月1日から施行されている新税法は居住期間基準の具体的な判定基準そのものを変更しました。この改正によって，居住者と非居住者の居住期間基準とその課税所得の範囲が変更されました。

旧税法の納税義務者と課税所得

　旧税法では，居住者のうち中国国内に住所を有する個人と中国国内に満5年居住する個人は，無制限納税義務者として中国国内源泉所得と国外源泉所得のすべてに納税義務があります（国内源泉所得と国外源泉所得については後ほど説明します）。

　ただし，居住者のうち中国国内に満1年居住する年度が連続して5年未満，または連続して満5年で1回の出国が30日を超える個人は，中国国内源泉所得と，国外源泉所得のうち中国国内の企業等によって支払われる部分についてのみ納税義務があります。この居住者のことを制限納税義務者といいます。

　中国国内に住所もなく居住もしない個人と中国国内に住所がなく国内に満1年居住しない個人は非居住者としてその国内源泉所得についてのみ納税義務がある制限納税義務者となります。

■旧税法の納税義務者と課税所得

区分	適用基準	適用要件	課税所得	納税義務者
居住者	住所基準	国内に住所あり	全所得	無制限納税義務者
	居住期間基準	国内に満5年居住		
		国内に満1年居住する年度が連続して5年未満，または満5年で1回で30日を超える出国がある場合	国内所得と国外所得の国内支払部分	制限納税義務者
非居住者		国内に1年未満居住	国内所得	
		国内に住所も居所（居住）もない		

新税法の納税義務者と課税所得の範囲

新税法も中国国内に住所を有する個人を居住者個人としています。中国国内に住所のない個人は，居住期間基準で居住者個人と非居住者個人を判定します。

新税法の居住期間基準では，中国国内に住所がなくかつ一納税年度（西暦1月1日から12月31日まで）内に中国国内に累計して満183日居住する年度が連続して満6年で，かつそのいずれかの年度で1回の出国が30日を超えない個人が居住者個人となります。

これらの居住者は個人所得税の無制限納税義務者ですので，中国の国内源泉所得と国外源泉所得のすべての所得が課税所得となります。

次に，中国国内に住所がなくかつ一納税年度内に中国国内に累計して満183日居住する年度が連続して6年未満の個人，または連続して満6年であるが1回の出国が30日を超える個人も居住者個人となりますが，この居住者個人は制限納税義務者であり，中国の国内源泉所得と，国外源泉所得のうちの国内支払部分が課税所得となります。

すなわち，制限納税義務者としての居住者個人については国外所得の国外支払部分は個人所得税が課税されません。

非居住者個人とは，中国国内に住所がなくかつ一納税年度内に中国国内に累計して183日未満居住する個人と，中国国内に住所がなく居住もしない個人です。非居住者は中国国内所得についてのみ納税義務を有する制限納税義務者です。

■新税法の納税義務者と課税所得

区分	適用基準	適用要件	課税所得	納税義務者
居住者個人	住所基準	国内に住所を有する個人	全所得	無制限納税義務者
	居住期間基準	国内に累計して満183日居住する年度が連続して満6年で，かつそのいずれかの年度で1回の出国が30日を超えない個人		
		国内に累計して満183日居住する年度が連続して6年未満の個人，または連続して満6年であるが1回の出国が30日を超える個人	国内所得と国外所得の国内支払部分	制限納税義務者

第10章　2019年から大きく変わった中国の個人所得税

非居住者個人	国内に累計して183日未満居住する個人	国内所得
	国内に住所もなく居住もしない個人	

　このように個人所得税法の改正によって，居住期間基準が１年基準から183日基準に変更されました。この変更に伴い，国内所得と国外所得の国内支払部分を課税する制限納税義務者としての居住者個人の範囲が，国内居住満１年の居住者から国内に累計して満183日居住する居住者に拡大されています。

　また，このような制限納税義務者としての居住者個人となるには，旧税法では税務機関の承認が必要でしたが，新税法では届出だけで済むようになりました。

新税法の居住期間基準

　中国国内に住所がなくかつ一納税年度内に中国国内に累計して満183日居住する年度が連続して６年未満または連続して満６年であるが１回の出国が30日を超える場合とは，６年のいずれかの１年で中国国内における累計居住日数が183日未満であることまたはいずれかの１年での１回の出国が30日を超えることをいいます。

　また，６年とは，一納税年度の前１年から前６年の連続した６つの年度をいい，６年は2019年以降から計算を開始します。

　財政部と国家税務総局は2019年３月14日付で，「中国国内に住所のない個人の居住時間判定基準に関する公告」（財政部，税務総局公告2019年第34号）を発布し，３月15日に次のような例示を使って解説しています。

　例えば，張氏は香港居住者であり，2013年１月１日に深圳にきて仕事をし，2026年８月30日に香港に帰って仕事をした。この期間において，2025年２月１日から３月15日まで一時的に香港に帰って公務を行った以外は，その他の時間はずっと深圳に滞在していた。

　張氏が国内に累計して満183日居住した年度は，2013年から計算を開始すれば，実際にはすでに満６年であるが，2018年までの年数は一律に「ゼロ清算」し，2019年から計算を開始する。したがって，2019年から2024年の期間は，張氏の国

内に累計して満183日居住した年度は連続して6年を満たしていないので，その取得した国外支払の国外所得は個人所得税の納付を免除することができる。

2025年は，張氏は国内における居住が183日を満たし，かつ2019年から計算を開始して，彼の国内における居住が累計して183日を満たす年度はすでに連続した6年（2019年から2024年）を満たしており，かつ1回の出国が30日を超えた状況がないので，2025年は，張氏は国内と国外において取得した所得について個人所得税を納付しなければならない。

2026年は，張氏は2025年に一回の出国が30日を超える状況（2025年2月1日から3月15日）があるので，その内地で累計して満183日居住する連続年数はゼロ清算して，新たに起算するので，2026年の当年度の張氏が取得した国外支払の国外所得は，個人所得税の納付を免除することができる。

上記の解説では，2019年から2024年までの期間はまだ満6年を満たしていません。第7年目の2025年に入って初めて満6年を満たすことになることに留意する必要があります。この解説のとおり，居住期間基準によって無制限納税義務者となる居住者個人は，2024年までは存在しないことになります。

累計居住日数の計算

2019年第34号公告では，次のように累計居住日数の計算を定めています。

住所のない個人の一納税年度内の中国国内における累計居住日数は，個人の中国国内における累計した滞在の日数で計算する。中国国内における滞在の当日が24時間を満たす場合は，中国国内居住日数に計上し，中国国内における滞在の当日が24時間に不足する場合は，中国国内居住日数に計上しない。

この解説では，次のような例示で説明しています。

例えば，李氏は香港居住者であり，深圳で仕事をし，毎週月曜の朝に深圳に出勤し，金曜の晩に香港に帰る。月曜と金曜の当日は24時間に不足しており，したがって国内居住日数に計上しない。さらに加えて土曜と日曜も計上しない。このように毎週計上できる日数は3日だけであり，年間52週で計算すると，李氏は年間で国内居住日数は156日となり，183日を超えないので居住者個人を構成しない。李氏が取得するすべての国外所得は，個人所得税の納税を免除することができる。

第10章　2019年から大きく変わった中国の個人所得税

このように香港居住者で毎週のように深圳・広州等に勤務して土日を香港で過ごす個人については，一納税年度での累計居住日数が183日未満となるため，中国国内源泉所得のみが課税されることになります。

3　課税所得と国内外源泉所得

新税法の規定についてさらに詳しく見て行きたいと思います。

まず，新税法の課税所得には下記のとおり9つの課税所得があります。

■個人所得税の課税所得

	所得区分	内　容
1	賃金給与所得	賃金給与所得とは，個人が職務就任または雇用受託することにより取得する賃金，給与，賞与，年度末賞与，労働分配金，手当，補助手当および職務就任または雇用受託に関連するその他の所得をいう。
2	役務報酬所得	役務報酬所得とは，個人が役務に従事して取得する所得をいい，設計，内装，据付，製図，化学検査，測定試験，医療，法律，会計，コンサルタント，講義，ニュース，放送，翻訳，原稿審査，書画，彫刻，映像，録音，録画，演出，興業，広告，展覧，技術サービス，紹介サービス，仲介サービス，代行サービスおよびその他の役務に従事して取得する所得が含まれる。
3	原稿報酬所得	原稿報酬所得とは，個人がその作品を図書，雑誌形式で出版，発表することにより取得する所得をいう。
4	特許権使用料所得	特許権使用料所得とは，個人が特許権，商標権，著作権，ノウハウおよびその他の特許権の使用権を提供して取得する所得をいう。著作権の使用権を提供して取得する所得は，原稿報酬所得に含まない。
5	経営所得	経営所得とは次のものをいう。 1.　個人が中国国内において登記を登録した個人工商業，個人独資企業，組合企業を通して生産，経営活動に従事して取得する所得

		2. 個人が法により許可証を取得し，学校運営，医療，コンサルタントおよびその他の有償サービス活動に従事して取得する所得
		3. 個人が請負，リース請負，下請，転リースして取得する所得
		4. 個人がその他の生産，経営活動に従事して取得する所得
6	利息・配当・利益分配所得	利息・配当・利益分配所得とは，個人が債権，株主権を所有する等により取得する利息，配当，利益分配性質の所得をいう。
7	財産賃貸所得	財産賃貸所得とは，個人が不動産，土地使用権，機器設備，車輌船舶およびその他の財産をリースすることにより取得する所得をいう。
8	財産譲渡所得	財産譲渡所得とは，個人が有価証券，株主権，組合企業における財産相当額，不動産，土地使用権，機器設備，車輌船舶およびその他の財産を譲渡して取得する所得をいう。
9	一時所得	一時所得とは，個人が取得する報奨金，賞金，宝くじおよびその他一時的性質の所得をいう。

　新税法では，下記の所得は支払場所が中国国内かどうかに関係なく，すべて中国国内に源泉のある所得となります。

	所得区分	国内源泉所得
1	賃金給与所得	職務就任，雇用等により中国国内において役務を提供して取得する所得
2	役務報酬所得	契約履行等により中国国内において役務を提供して取得する所得
3	原稿報酬所得	国内企業，事業単位，その他の組織が支払ったまたは負担した原稿報酬所得
4	特許権使用料所得	各種の特許権を中国国内において使用することを許可することにより取得する所得
5	経営所得	特に規定はありません。
6	利息・配当・利益分配所得	中国国内の企業，事業単位，その他の経済組織および居住者個人から取得する利息，配当，利益分配所得

第10章　2019年から大きく変わった中国の個人所得税

7	財産賃貸所得	財産を借手に賃貸して中国国内において使用することにより取得する所得
8	財産譲渡所得	中国国内の不動産等の財産を譲渡して取得する所得または中国国内においてその他の財産を譲渡して取得する所得
9	一時所得	特に規定はありません。

賃金給与所得の国内外源泉所得

　個人が中国国内で勤務する期間に属する賃金給与所得は中国国内に源泉のある所得です。国内勤務期間は個人の国内における勤務日数で計算します。

　国内勤務期間には，その国内における実際勤務日および国内勤務期間における国内，国外で享受する公休日，個人休暇，教育訓練を受ける日数を含みます。

　国内と国外の単位で同時に職務を担当するかまたは国外単位においてのみ職務就任する個人は，国内において滞在する当日が24時間に不足する場合は，半日として国内勤務日数を計算します。単位とは，企業，会社，その他の経済組織のことをいいます。

　個人の納税義務を判定する時には，中国国内における滞在の当日が24時間を満たす場合は，中国国内居住日数に計上します。中国国内における滞在の当日が24時間に不足する場合は中国国内居住日数に計上しませんが，個人の賃金給与所得の収入金額を確定する時には，国内において滞在する当日が24時間に不足する場合は，半日として国内勤務日数を計算します。

　住所のない個人が国内と国外の単位で同時に職務を担当するかまたは国外単位においてのみ職務就任し，かつその期に同時に国内と国外において勤務する場合は，賃金給与所得の属する国内と国外の勤務日数の当期の西暦日数に占める比率により国内と国外に源泉のある賃金給与所得の収入額を確定します。

　国外勤務日数は当期の西暦日数から当期の国内勤務日数を差し引いて計算します。

役員と高級管理職の国内源泉所得

国内居住企業の董事，監事と高級管理職務を担当する個人（高級管理職）については，国内において職務を履行するかどうかに関係なく，国内居住企業が支払ったまたは負担した董事費，監事費，賃金給与またはその他の類似報酬を取得した場合は，国内に源泉のある所得になります。

その他の類似報酬には，高級管理職報酬，数か月賞与，ストック・オプション等の株式奨励所得を含みます。高級管理職務には，企業の正・副（総）経理，各職能長，総監とその他の類似の会社経営管理層の職務を含みますので，総経理（社長），副総経理（副社長），経理（部門長），副経理（副部門長），技能長，総監等の経営管理層が該当します。

すなわち，中国の国内居住企業が支払ったまたは負担した董事報酬，監事報酬，高級管理職報酬（賃金給与，数か月賞与，株式奨励所得）は，中国国内において職務を履行したかどうかに関係なく，中国国内源泉所得になります。

新税法の一時所得

2019年1月1日から新税法が施行されましたが，この新個人所得税法は旧税法に規定されていた「その他の所得」項目を廃止しました。旧税法で規定されていた「その他の所得」は新税法でどのように課税されるのかまたは課税されないかについて不明でしたが，「その他の所得」の一部を引き継いだ新税法の「一時所得」について，財政部と国家税務総局は，2019年6月13日付で「個人が取得する関連収入の個人所得税課税所得項目の適用に関する公告」（財政部，税務総局公告2019年第74号）を発布しました。この税務公告では，新税法の一時所得について次のように規定しています。

①　保証収入

個人が，企業等または他人のために保証を提供して獲得する収入は，一時所得として個人所得税を計算し納付する。

②　不動産の無償贈与

不動産の所有権者が不動産の権利を他人に無償贈与する場合は，受贈者は不動産の無償受贈により取得した受贈収入を一時所得として個人所得税を計算し納付する。

ただし，配偶者，父母，子女，曾祖父，外祖父，孫，兄弟姉妹，看護者等に

第10章　2019年から大きく変わった中国の個人所得税

無償贈与する場合，不動産権利者が死亡して法定相続者等が不動産を取得した場合には，個人所得税は課税しない。

　③　贈答品収入

　企業が業務上の宣伝，広告等の活動で，無作為にその企業以外の個人に網路紅包（中国語でワンルオ・ホンバォといいます）等の贈答品を贈る場合，および年度の会合，座談会，祝典ならびにその他の活動で，その企業以外の個人に贈答品を贈る場合は，個人が取得した贈答品収入は，一時所得として個人所得税を計算し納付しなければならない。ただし，企業が贈与したものが値引または割り戻しの性格を有する商品（サービス）券，代金券，クーポン券，優遇券等の贈答品は除く。

網路紅包（ワンルオ・ホンバォ）

　前述した一時所得に出てくる網路紅包について解説します。

　中国では日本以上にスマートフォン，タブレット，パソコンによる「網路紅包」による販売促進が盛んに行われています。「紅包」とは，もともとは正月に子供に与える赤い色のお年玉袋（赤い袋）を指す言葉でしたが，いまではネットワークを意味する「網路」と「紅包」が合体して「網路紅包」（ワンルオ・ホンバォ）という新しいスタイルのスマホのアプリを使って，友人や親類にアプリを紹介する等により「ギフト」，「賞金」，「ご祝儀」等を送ることを意味するようになりました。

　日本でもスマホのアプリを友人等に紹介することにより相手に賞金があたるか，ポイントを無償で贈与するか，またはギフト（ラッキー・マネーともいいます）を送ることができるという販売促進が行われています。

　2019年第74号公告の解説では，「網路紅包」は通常の販売促進方法であり，現金による「網路紅包」のほかに，各種のサービスを受け取ることのできるサービス券，各種の商品を受け取るための代金として利用できる代金券，割引を受けることのできるクーポン券，各種の優遇を受けることのできる優遇券等の現金以外の「網路紅包」があると説明しています。

　財政部と国家税務総局は，2011年に発布した旧財税［2011］50号（廃止済）で，企業が業務上の宣伝，広告活動等を行うときに個人に贈答品を送る場合，

年度の会合，座談会，祝典等のその他の活動で個人に贈答品を送る場合には，贈答品収入として個人所得税を課税することとしていました。

また逆に，企業が価格の値引，割り戻し（リベート）の方法によって個人に商品やサービスを販売した場合には，その値引や割り戻しには個人所得税を課税しないものとしていました。

2019年第74号公告は，この財税〔2011〕50号の規定を変えることなく引き継いでおり，企業が支払う「網路紅包」が贈答品の一形態である場合には一時所得として個人所得税を課税し，「網路紅包」が販売上の値引または割り戻しに該当する場合は，個人所得税を課税しないものとしました。

なお2019年第74号公告の解説では，「網路紅包」は企業が個人に対して支払うものに限定されるため，友人や親戚との間で相互に贈答する網路紅包等の贈答品については，個人所得税の課税範囲内のものではないとしています。

Column ⑭

中国の養老保険制度

中国の養老保険制度には，基本養老保険制度，企業の補充養老保険制度（企業年金等），個人の貯蓄型養老保険制度（商業保険等）がありますが，基本養老保険制度については，2014年2月21日付の「統一した都市郷鎮住民基本養老保険制度の確立に関する意見書」（国発〔2014〕8号）で，従来の都市郷鎮住民社会養老保険と新型農村社会養老保険の2つを統合して，中国全土で統一した都市郷鎮住民基本養老保険制度の確立が企図されています。

2020年までに基本養老保険制度は，企業従業員養老保険制度と都市郷鎮住民基本養老保険制度の2本建てとなりますが，重視されているのは都市と農村の住民個人の基本養老保険制度の確立です。

このためには基本養老保険料の徴収管理体制を新たに確立する必要があり，基本養老保険の社会保険料徴収を新たな税務局がその職責として担う

ことが決定されたことになります。

2016年4月14日付の「社会保険料率の段階的な引下げに関する通知」（人力資源社会保障部，人社部発［2016］36号）では，企業従業員基本養老保険の納付比率が20%を超えていた地方政府（省，自治区，直轄市）は20%まで引き下げること，基金累計残高が一定割合より高い地方政府は19%まで引き下げること，失業保険料率と労働保険料率の引下げ，生育保険と基本医療保険の統合等が規定されました。

2019年4月1日付で国務院弁公庁は「社会保険料率を引下げる総合方案の印刷発行に関する通知」（国弁発［2019］13号）を発布し，企業と政府機関事業単位の基本養老保険を含む都市鎮基本養老保険の企業等の単位が納付する料率が16%より高い場合には16%まで下げることができること，現在16%より低い場合には経過措置を検討することとしました。

失業保険の料率を1%から段階的に引き下げる期限については，2019年5月1日から2020年4月30日まで延長すること，労働保険の料率の引き下げも同様に2020年4月30日まで延長することを決定しています。

このように企業コストを軽減するために社会保険料率の引下げが行われるとともに，基本養老保険制度の中国全土への拡充適用が進められている中で，基本養老保険料の徴収管理の強化とその運営体制の見直しが進められています。

第11章

新個人所得税法下の中国の
源泉徴収と自己申告納付の仕組み

1 総合課税方式と分類課税方式

2019年から始まった「総合所得課税」

2019年の改正前の中国の個人所得税法（以下，「旧税法」といいます）では，すべての納税者に課税所得別に課税する分類課税方式が採用されていましたが，2019年の改正後の個人所得税法（以下，「新税法」といいます）では，居住者の賃金給与所得，役務報酬所得，原稿報酬所得，特許権使用料所得の４つの所得についてのみ総合課税方式が採用されることになりました。

なお，居住者個人のその他の所得と非居住者個人のすべての所得については従来どおりの所得種類別に課税する分類課税方式が採用されています。

■旧税法と新税法の課税所得と課税方式

旧税法の分類課税方式		新税法の総合課税と分類課税方式		
1	賃金給与所得	総合所得課税または分類所得課税	1	賃金給与所得
2	個人工商業者の生産経営所得		2	役務報酬所得
3	経営請負所得と経営リース請負所得		3	原稿報酬所得
4	役務報酬所得		4	特許権使用料所得
5	原稿報酬所得	分類所得課税	5	経営所得
6	特許権使用料所得		6	利息・配当・利益分配所得
7	利息・配当・利益分配所得		7	財産賃貸所得
8	財産賃貸所得		8	財産譲渡所得

151

第11章　新個人所得税法下の中国の源泉徴収と自己申告納付の仕組み

9	財産譲渡所得
10	一時所得
11	その他所得

9	一時所得

　旧税法の個人工商業者の生産経営所得は新税法の経営所得に，旧税法の経営請負所得と経営リース請負所得は，新税法の総合所得または経営所得に含まれています。旧税法のその他所得は廃止されました。

旧税法の補助手当等の優遇政策の継続適用の可否

　旧税法では，外国籍個人には次のような補助手当等の優遇政策が適用されていましたが，2019年1月1日から2021年12月31日までの期間は，外国籍個人の居住者は新税法の特定付加控除を適用するか，または下記の旧税法の住宅補助手当，語学訓練費，子女教育費等の優遇政策の適用を受けるかを選択することができます。なお，外国籍個人がいずれかをいったん選択したら一納税年度内で変更することはできません。

　2022年1月1日から，外国籍個人は住宅補助手当，語学訓練費・子女教育費手当・補助手当の免税優遇政策を享受することはできず，新税法の規定に従って特定付加控除を適用しなければなりません。

■外国籍個人の優遇政策

住宅補助手当	外国籍個人が非現金形態または実費清算方式で取得する住宅手当
語学訓練費	外国籍個人が取得する語学訓練費
子女教育費	外国籍個人が取得する子女教育費
その他	食事手当，引越赴任費用，洗濯費用（クリーニング費用），国内外の出張手当，帰郷費（ホームリブ費用），外国投資企業から取得する配当・利益分配所得等
	香港・マカオ居住者の食事手当，クリーニング費用，引越費用等の補助手当

2　源泉徴収申告納付の方法

　個人所得税法は，所得者を納税者とし，所得を支払う企業等または個人を源泉徴収義務者としてすべての所得を源泉徴収課税しています

　新税法の源泉徴収課税には，予定控除予定納付（中文で予控予納）と代理控除代理納付（中文で代控代納）の2つの源泉徴収方法があり，居住者区分と課税所得の種類別により下記の表のとおり定められています。

■源泉徴収方法

課税所得	居住者個人	非居住者個人
賃金給与所得	予定控除予定納付方法 （月額5,000元費用控除） （累計予定控除法） 予定控除率表一で予定控除	代理控除代理納付方法 （月額5,000元費用控除） （月別代理控除） 税率表三で代理控除
役務報酬所得	予定控除予定納付方法 （20％等の費用控除適用） （回数別・月別予定控除） 予定控除率表二で予定控除	代理控除代理納付方法 （20％の費用控除適用） （回数別・月別代理控除） 税率表三で代理控除
原稿報酬所得 特許権使用料所得	予定控除予定納付方法 （20％等の費用控除適用） （回数別・月別予定控除） 20％の比例税率で予定控除	
利息・配当・利益分配所得，財産賃貸所得，財産譲渡所得，一時所得	代理控除代理納付方法 （回数別・月別代理控除） 20％の比例税率で代理控除	

　予定控除予定納付は，居住者が総合所得を取得した時に，源泉徴収義務者が月別または回数別に税額を源泉徴収する場合に適用されます。

　この予定控除予定納付では，毎月の収入額から免税収入，基礎費用控除（月額5千元），特定控除，特定付加控除，その他の控除が控除されて課税所得額が計算されます。総合所得課税ではこのように費用控除と所得控除が行われます。

第11章　新個人所得税法下の中国の源泉徴収と自己申告納付の仕組み

　代理控除代理納付は，非居住者が賃金給与所得，役務報酬所得，原稿報酬所得，特許権使用料所得を取得した場合と，納税者（居住者と非居住者）が利息・配当・利益分配所得，財産賃貸所得，財産譲渡所得，一時所得を取得した時に，源泉徴収義務者が月別または回数別に税額を源泉徴収する場合に適用されます。

　分類所得課税では，費用控除は適用されますが所得控除は適用されません。

中国の居住者の免税収入と所得控除の考え方

　居住者が総合所得または賃金給与所得のみを取得して月別に源泉徴収課税（予定控除予定納付）を受ける場合または納税年度終了後に総合精算納付を行う場合には，以下の算式で課税所得額が計算されます 。

> 課税所得額＝収入額－免税収入－基礎控除費用－特定控除－特定付加控除－その他の控除

　個人所得税の免税所得（免税収入）には次のものがありますが，免税所得で外国人に適用されるものはほとんどありません。

■免税所得（免税収入）

1　省級人民政府，国務院の部門，委員会および中国人民解放軍の軍以上の単位，ならびに外国組織，国際組織が支給する科学，教育，技術，文化，衛生，体育，環境保護等の分野の奨励金
2　国債および国家が発行する金融債券の利息
3　国家の統一規定により支給する補助手当，手当
4　福利費，補償金，救済金
5　保険賠償金
6　軍人の転職費，復員費，退役金
7　国家の統一規定により支給する幹部，従業員の定住費用，退職費，基本養老金または退職費，離職費，離職生活補助費
8　関連法律規定により免税すべき各国の中国駐在大使館，領事館の外交代表，領事館員とその他の人員の所得
9　中国政府が参加する国際条約，締結した覚書の中で免税を定めた所得
10　国務院の定めるその他の免税所得

「特定付加控除」のなかみ

上記の課税所得額の計算式中の特定付加控除には，子女教育，継続教育，大病医療，住宅貸付金利息または住宅賃料，老人養護等の支出があります。

■特定付加控除

項　目	内　　容	控除金額
子女教育	納税者の子女が全日制学歴教育を受ける関連支出	毎年12,000元 （毎月1,000元）
継続教育	納税者が学歴継続教育を受ける支出	毎年4,800元 （毎月400元）
	納税者が受ける技能人員職業資格継続教育，専業技術人員職業資格継続教育の支出	毎年3,600元 （証書取得年度）
大病医療	個人負担が15,000元を超える医薬費用支出部分	毎年80,000元 （総合精算時）
住宅貸付 金利息	納税者本人・配偶者が商業銀行・住宅公積金個人住宅貸付金を本人・配偶者が購入する住宅に使用した利息支出	毎年12,000元 （毎月1,000元）
住宅賃料	納税者本人・配偶者が納税者の主要勤務都市に住宅がなく，かつ主要勤務都市で住宅を賃貸して発生する賃料支出	
	直轄市，省都（首都）都市，計画単列市等	毎月1,500元
	市直轄区の戸籍人口が100万超の都市	毎月1,100元
	市直轄区の戸籍人口が100万以下の都市	毎月800元
住宅賃料	納税者本人・配偶者が納税者の主要勤務都市に住宅がなく，かつ主要勤務都市で住宅を賃貸して発生する賃料支出	毎年14,400元 （毎月1,200元） ほか
老人養護	納税者の養護する60歳以上の父母とその他法定養護者の養護支出	毎年24,000元 （毎月2,000元）

「その他の控除」のなかみ

「その他の控除」には，個人が納付した国家規定に適合する企業年金，職業

年金，個人が購入した国家規定に適合する商業健康保険，租税繰延型商業養老保険の支出，国務院が控除できると定めたその他項目があります。

その他の項目には，寄付金控除があり，個人がその所得を教育，貧困扶助，困窮救助等の慈善事業に対して寄付を行った場合は，寄付額が納税者の申告する課税所得額の30％を超えない部分は，その課税所得額から控除することができます。国務院が公益慈善事業寄付について全額税前控除を実行することを規定した場合は，その規定に従うものとされています。

中国の源泉徴収義務者の義務

中国の源泉徴収では，源泉徴収義務者には全員全額源泉徴収申告と源泉税額納付の2つの義務があります。

全員全額源泉徴収申告とは，源泉徴収義務者が税額を代理控除した翌月15日以内に，その主管税務機関にその所得を支払ったすべての個人の関係情報，支払所得金額，控除の事項と金額，税額を源泉徴収した具体的な金額と総額およびその他の税務関係情報資料を提出することをいいます。

源泉税額納付義務とは，源泉徴収義務者は課税所得を支払った毎月または毎回に税額を予定控除または代理控除し，翌月15日以内に国庫に納入し，かつ税務機関に「個人所得税源泉徴収申告表」を提出することをいいます。

居住者の賃金給与所得

源泉徴収義務者（所得の支払者）が居住者個人に賃金給与所得を支払った場合には，累計予定控除法に従って税額を予定控除します。累計予定控除法による課税所得の計算と源泉税額の計算公式は下記のとおりです。

> 累計課税所得額＝累計収入－累計免税収入－累計控除費用－累計特定控除－
> 累計特定付加控除－累計のその他の控除

累計控除費用は，月額5,000元×当月までの月数で計算します。

控除予定税額は，次の算式となります。

> 予定控除税額＝（累計課税所得額×予定控除率－速算控除額）－累計減免税額－
> 累計予定控除済み税額

予定控除率と速算控除額は，下記の個人所得税予定控除率表一を適用します。

■個人所得税予定控除率表一（居住者個人の賃金給与所得の予定控除予定納付に適用）

等級	累計予定控除予定納付課税所得額	予定控除率(%)	速算控除額(元)
1	36,000元を超えない部分	3	0
2	36,000元を超え144,000元までの部分	10	2,520
3	144,000元を超え300,000元までの部分	20	16,920
4	300,000元を超え420,000元までの部分	25	31,920
5	420,000元を超え660,000元までの部分	30	52,920
6	660,000元を超え960,000元までの部分	35	85,920
7	960,000元を超える部分	45	181,920

この累計予定控除法による源泉徴収方法では，納税者の納付税額が毎月変動することになります。一般論としては，課税所得額の累計額がより高い予定控除率に達した時に納付税額がより多くなりますので，納税年度末に近づくにつれて毎月の納付税額が多くなる傾向があります。

居住者の役務報酬所得

源泉徴収義務者が居住者個人に役務報酬所得を支払った場合は，回数別または月別に税額を予定控除予定納付します。課税所得額は毎回の収入額ですが，収入額は収入から費用を控除した残額です。控除する費用は毎回の収入が4,000元を超えない場合は，控除費用は800元で計算し，毎回の収入が4,000元を超える場合は，控除費用は20%で計算します。

> 課税所得額＝毎回の収入額＝収入－控除費用（800元または収入額×20%）

> 予定控除税額＝課税所得額×予定控除率－速算控除額

予定控除率と速算控除額は，下記の個人所得税予定控除率表二を適用します。

第11章　新個人所得税法下の中国の源泉徴収と自己申告納付の仕組み

■個人所得税予定控除率表二（居住者個人の役務報酬所得の予定控除予定納付に適用）

等級	予定控除予定納付課税所得額	予定控除率(%)	速算控除額(元)
1	20,000元を超えない部分	20	0
2	20,000元を超え50,000元までの部分	30	2,000
3	50,000元を超える部分	40	7,000

非居住者の賃金給与所得

　源泉徴収義務者が非居住者個人に賃金給与所得を支払った場合は，月別に税額を代理控除します。課税所得額は毎月の収入額から費用5,000元を控除した残額です。

課税所得額＝毎月の収入額－控除費用5,000元

代理控除税額＝課税所得額×税率－速算控除額

税率と速算控除額は，下記の個人所得税税率表三を適用します。

■個人所得税税率表三（非居住者個人の賃金給与所得，役務報酬所得，原稿報酬所得，特許権使用料所得の予定控除予定納付に適用）

等級	課税所得額	税率（%）	速算控除額(元)
1	3,000元を超えない部分	3	0
2	3,000元を超え12,000元までの部分	10	210
3	12,000元を超え25,000元までの部分	20	1,410
4	25,000元を超え35,000元までの部分	25	2,660
5	35,000元を超え55,000元までの部分	30	4,410
6	55,000元を超え80,000元までの部分	35	7,160
7	80,000元を超える部分	45	15,160

非居住者の役務報酬所得，原稿報酬所得，特許権使用料所得

　源泉徴収義務者が非居住者個人に役務報酬所得，原稿報酬所得，特許権使用料所得を支払った場合は，月別に税額を代理控除します。課税所得額は毎回の

収入額ですが，収入額は収入から20％の費用を控除した残額です。原稿報酬所得の収入額は70％に減額して計算します。

原稿報酬所得
　　課税所得額＝［収入－控除費用（収入×20％）］×70％

役務報酬所得と特許権使用料所得
　　課税所得額＝収入－控除費用（収入×20％）

役務報酬所得と原稿報酬所得と特許権使用料所得
　　代理控除税額＝課税所得額×税率－速算控除額

税率と速算控除額は，上記の個人所得税税率表三を適用します。

利息・配当・利益分配所得，財産賃貸所得，財産譲渡所得，一時所得

源泉徴収義務者が利息・配当・利益分配所得，財産賃貸所得，財産譲渡所得または一時所得を支払った場合は，回数別または月別に税額を代理控除代理納付します。課税所得計算と税額計算は次のとおりです。

利息・配当・利益分配所得と一時所得の課税所得額＝毎回の収入額

財産賃貸所得の課税所得額＝毎回の収入－控除費用（800元または収入×20％）

財産譲渡所得の課税所得額＝収入額－財産原価－合理的費用

代理控除税額＝課税所得額×比例税率20％

3　自己申告納付

個人所得税の自己申告納付には納税年度の翌年3月1日から6月30日までに行う総合精算納付と申告納付があります。

ここでは源泉徴収納付と自己申告納付の関係について説明し，その後に総合

第11章　新個人所得税法下の中国の源泉徴収と自己申告納付の仕組み

精算納付と申告納付の課税所得計算と税額計算方法を紹介します。

居住者の予定控除予定納付と総合精算納付

　居住者が取得した総合所得（賃金給与所得，役務報酬所得，原稿報酬所得，特許権使用料所得）は納税年度別に個人所得税を計算します。この総合所得の税額計算の原則は源泉徴収（予定控除予定納付）が行われる場合と総合精算納付を行う場合とで共通して適用される原則です。すなわち総合所得の税額計算は納税年度別の税額計算が原則となっています。

　例えば，居住者個人が賃金給与所得のみを取得して源泉徴収義務者がいる場合には累計予定控除法が適用され，適用される予定控除率表一も年間ベースの予定控除率表が適用されます。この居住者個人が総合精算納付を行う場合にも年間ベースの個人所得税税率表一（総合所得適用）が適用されることになります。

　総合所得のうち役務報酬所得，原稿報酬所得，特許権使用料所得は月別または回数別に源泉徴収（予定控除予定納付）が行われますが，これらの所得は本来個別に源泉徴収または申告納付するものですので月別または回数別に税額計算が行われるものです。総合精算納付が必要な場合には年間ベースの個人所得税税率表一（総合所得適用）が適用されます。

　居住者が総合所得の総合精算納付を行う必要がある場合は，所得を取得した翌年3月1日から6月30日までに総合精算納付を行います。

　居住者が総合精算納付を行う必要がある場合とは，次のいずれか1つの状況に該当する場合です。

1	2か所以上から総合所得を取得し，かつ総合所得年間収入額から特定控除を減額した残額が6万元を超える場合
2	役務報酬所得，原稿報酬所得，特許権使用料所得の中の1つまたは複数の所得を取得し，かつ総合所得年間収入額から特定控除を減額した残額が6万元を超える場合
3	納税年度内の予納税額が納付税額より低い場合
4	納税者が税金還付を申請した場合

総合精算納付を行う必要のある納税者は，所得を取得した翌年3月1日から

6月30日までに，職務就任・雇用単位所在地の主管税務機関で納税申告を行い，かつ「個人所得税年度自己納税申告表」を提出します。

　納税者に2か所以上の職務就任・雇用単位がある場合は，そのうちの1か所の職務就任・雇用単位所在地の主管税務機関を選択し納税申告を行います。

　納税者に職務就任・雇用単位がない場合は，戸籍所在地または日常居住地の主管税務機関で納税申告を行います。

　納税者が総合精算納付を行う場合は，収入，特定控除，特定付加控除，法により確定したその他の控除，寄付金，租税優遇を享受する等の関係する資料を準備し，かつ規定により調査に備えて準備するかまたは提出しなければなりません。

非居住者の代理控除代理納付と申告納付

　非居住者が賃金給与所得，役務報酬所得，原稿報酬所得，特許権使用料所得を取得し，源泉徴収義務者がいる場合は，源泉徴収義務者が月別または回数別に税額を代理控除代理納付し，総合精算納付することはありません。

　非居住者個人が中国国内において2か所以上から賃金給与所得を取得した場合は，所得を取得した翌月15日以内に納税申告しなければなりません。なお，この納税申告は総合精算納付ではなく，申告納付を指しています。

居住者と非居住者の申告納付

　納税者が課税所得を取得し，源泉徴収義務者がいない場合は，所得を取得した翌月15日以内に税務機関に納税申告表を提出しかつ税額を納付しなければなりません。

　納税者が課税所得を取得し，源泉徴収義務者が税額を控除しなかった場合は，納税者は所得を取得した翌年6月30日までに，税額を納付しなければなりません。

　非居住者が賃金給与所得，役務報酬所得，原稿報酬所得，特許権使用料所得を取得し，源泉徴収義務者が税額を控除しなかった場合は，所得を取得した翌年6月30日までに，源泉徴収義務者所在地の主管税務機関で納税申告を行い，かつ個人所得税自己納税申告表を提出します。

　非居住者が翌年6月30日までに出国（臨時出国を除く）する場合は，出国前に納税申告を行わなければなりません。2つ以上の源泉徴収義務者が税額を源

第11章　新個人所得税法下の中国の源泉徴収と自己申告納付の仕組み

泉徴収しなかった場合は，そのうちの１つの源泉徴収義務者所在地の主管税務機関を選択し納税申告を行います。

納税者が利息・配当・利益分配所得，財産賃貸所得，財産譲渡所得，一時所得を取得した場合は，所得を取得した翌年６月30日までに，関係規定に従って主管税務機関で納税申告を行い，かつ個人所得税年度自己納税申告表を提出します。

税務機関が期限を限定して納付することを通知した場合は，納税者はその期限に従って税額を納付します。

居住者が中国国外から所得を取得した場合は，所得を取得した翌年３月31日から６月30日までに申告納税します。

納税者が居所を国外に移転して中国戸籍を抹消した場合は，中国戸籍を抹消する前に税額精算を行わなければなりません。

総合精算納付の課税所得額と税額の計算

総合精算納付時には，その納税年度の総合所得の収入額から費用６万元，特定控除，特定付加控除，その他の控除を差し引いた残額を課税所得額とします。

総合所得の税率表は，次のとおりです。

■個人所得税税率表一（総合所得適用）

等級	全年課税所得額	税率（％）
1	36,000元を超えない部分	3
2	36,000元を超え144,000元までの部分	10
3	144,000元を超え300,000元までの部分	20
4	300,000元を超え420,000元までの部分	25
5	420,000元を超え660,000元までの部分	30
6	660,000元を超え960,000元までの部分	35
7	960,000元を超える部分	45

表の中の全年課税所得額とは，居住者が取得する総合所得で，各納税年度の収入額から費用６万元および特定控除，特定付加控除および法により確定したその他の控除を差し引いた残額です。

申告納付の課税所得額と税額の計算

非居住者の賃金給与所得の申告納付による課税所得額は次のように計算し，下記の税率表を適用します。

（各月の賃金給与収入額－基礎控除費用5,000元）×税率－速算控除額

■個人所得税税率表三（非居住者個人の賃金給与所得適用）

等級	全月課税所得額	税率（％）	速算控除額(元)
1	3,000元を超えない部分	3	0
2	3,000元を超え12,000元までの部分	10	210
3	12,000元を超え25,000元までの部分	20	1,410
4	25,000元を超え35,000元までの部分	25	2,660
5	35,000元を超え55,000元までの部分	30	4,410
6	55,000元を超え80,000元までの部分	35	7,160
7	80,000元を超える部分	45	15,160

総合所得以外の役務報酬所得・特許権使用料所得・原稿報酬所得，財産賃貸所得，財産譲渡所得，利息・配当・利益分配所得，一時所得の申告納付による課税所得額と税額の計算は，源泉徴収税額の課税所得額と税額の計算と同じですので，次にその要約を示します。

役務報酬所得 特許権使用料所得	毎回の収入額×（1－20％）×比例税率20％
原稿報酬所得	毎回の収入額×70％×（1－20％）×比例税率20％
財産賃貸所得	毎回の収入が4,000元以下の場合 （毎回の収入額－費用800元）×比例税率20％ 毎回の収入が4,000元超の場合 毎回の収入額×（1－20％）×比例税率20％
財産譲渡所得	（収入額－財産原価－合理的費用）×比例税率20％
利息・配当・利益分配所得と 一時所得	毎回の収入額×比例税率20％

第11章　新個人所得税法下の中国の源泉徴収と自己申告納付の仕組み

　なお，外国人にはあまり適用がありませんが，経営所得は，各納税年度の収入総額から原価，費用および損失を控除した後の残額を，課税所得額とします。経営所得の税率表は次のとおりとなっています。

■個人所得税税率表二（経営所得適用）

等級	全年課税所得額	税率（%）
1	30,000元を超えない部分	5
2	30,000元を超え90,000元までの部分	10
3	90,000元を超え300,000元までの部分	20
4	300,000元を超え500,000元までの部分	25
5	500,000元を超える部分	30

第12章
給与所得者課税
―国内法による税額計算

1 住所のない個人の給与所得課税

　財政部と国家税務総局は2019年3月14日付で「非居住者個人と住所のない居住者個人に係る個人所得税政策に関する公告」（財政部，税務総局公告2019年第35号）を発布しました。

　本公告は，2019年1月1日からの施行とされています。そのため，2019年1月1日から発布日の2019年3月14日までは非居住者が旧税法の規定に従って源泉徴収課税または自己申告納付が行われていた可能性があることになります。そこで，本公告では，旧規定で個人所得税額を過大納付していた場合には，税額の還付申請ができることが規定されました。

　このように中国では税法施行後に具体的な関係法規が発布され，その税法の施行日まで過去にさかのぼって遡及適用されることはめずらしいことではありません。

住所のない居住者個人とは？

　この第35号公告は，非居住者個人と住所のない居住者個人の個人所得税課税に適用されます。ここで住所のない個人とは次の納税義務者のことを指しています。

165

第12章　給与所得者課税

■住所のない居住者個人

居住者区分	居住期間	課税所得	納税義務者
居住者	国内に累計して満183日居住する年度が連続して満6年で，かつそのいずれかの年度で1回の出国が30日を超えない個人	全所得	無制限納税義務者
	国内に累計して満183日居住する年度が連続して6年未満の個人，または連続して満6年であるが1回の出国が30日を超える個人	国内所得と国外所得の国内支払部分	制限納税義務者
非居住者	国内に累計して183日未満居住する個人または国内に住所も居所もない個人	国内所得	

所得税の納税者負担軽減のしくみ

第35号公告は，住所のない個人の賃金給与所得の課税所得額を計算するときには，はじめに賃金給与収入額を計算して，次に課税所得額を計算し，最後に税額計算することを規定しています。

これは旧税法の給与所得者の税額計算が，中国内外の賃金給与所得総額に税率表の税率と速算控除額を適用して初めに税額を計算してから，その後に国内源泉所得と国外源泉所得の割合を乗じて最終的な納付税額を計算する計算構造だったのに対して，新税法では新たに賃金給与収入額という概念を導入しましたことによるものです。

国家税務総局はこの計算構造を中文で「先税後分」と称していますが，先に税額計算して後に国内所得と国外所得の割合で区分することをいいます。

新税法では，課税所得額を計算する前に賃金給与収入額を計算し，この賃金給与収入額に国内源泉所得と国外源泉所得の割合を乗じて課税所得額を計算し，この課税所得額に税率表の税率と速算控除額を適用して納付税額を計算する構造となっています。

この計算構造は中文で「先分後税」と称し，先に国内所得と国外所得の割合で区分して後に税額計算することをいいます。

旧税法と新税法での最大の違いは，旧税法では国内外の課税所得の総額で初めに全体の税額を計算し，その後にその税額を納付すべき税額とそうではない

税額に区分していたのを、新税法では国内外の賃金給与収入額を課税対象金額とそうではない金額に区分した後に、税率表を適用して納付すべき税額を計算するということです。

結果的に、より小さな課税対象である賃金給与収入額で税率表の税率と速算控除額を適用しますので、納付すべき税額はより小さい金額となります。このような税額計算構造の変更により新税法の税額は旧税法に比べて小さい税額となりますので、納税者にとっては租税負担の軽減となっています。

新税法のもう1つの大きな変更は、新しい賃金給与収入額の計算公式と、納税者の居住期間とその課税所得との関係を明確にしたことです。ここでは説明に入る前に賃金給与収入額の計算公式と、居住期間と課税所得との関係を要約して示します。後述する説明は、この賃金給与収入額の計算式の要約に従って行います。

■居住期間と課税所得の要約

納　税　者		計算式	国内源泉所得		国外源泉所得	
			国内払	国外払	国内払	国外払
非居住者	累計して90日を超えない非居住者個人	免税				
		公式一	課税			
	累計して90日を超え183日未満である非居住者個人	公式二	課税	課税		
居住者	累計して満183日居住する年度が連続して6年未満の居住者個人と高級管理職	公式三	課税	課税	課税	
	累計して満183日居住する年度が連続して満6年の居住者個人と高級管理職	―	課税	課税	課税	課税
非居住者	累計して90日を超えない高級管理職	―	課税		課税	
	累計して90日を超え183日未満である高級管理職	公式三	課税	課税	課税	

第12章　給与所得者課税

2　賃金給与収入額の計算方法

住所のない個人が非居住者の賃金給与収入額

　個人所得税法実施条例第5条では，「中国国内に住所のない個人が，一納税年度内において中国国内に累計して90日を超えない場合は，その中国国内に源泉のある所得は，国外の雇用主が支払いかつ当該雇用主の中国国内における機構，場所が負担しない部分は，個人所得税の納付を免除する」という短期滞在者の免税規定があります。

　この免税規定に基づいて，非居住者が取得する賃金給与収入額は，その個人が高級管理職である場合を除いて，①国内居住期間が累計して90日を超えない非居住者と②国内居住期間が累計して90日を超え183日未満である非居住者の2つの状況に区分して計算することになっています。

①　国内居住期間が累計して90日を超えない非居住者

　一納税年度内において，中国国内に累計して90日を超えないで居住する非居住者個人は，国内勤務期間に属しかつ国内雇用主が支払ったまたは負担した賃金給与所得についてのみ個人所得税を計算し納付します。

　国内雇用主には，被雇用者の国内の単位と個人および国外の単位と個人の国内における機構，場所を含みます。

　国内雇用主が所得税の推定課税を採用する場合または営業収入がなく所得税を課税しない場合は，住所のない個人がその勤務のために取得する賃金給与所得は，その国内雇用主の会計帳簿において記載しているかどうかに関係なく，すべてその国内雇用主が支払ったまたは負担したものとみなします。

　当月賃金給与収入額の計算公式は下記のとおりです。

■公式一　累計して90日を超えない非居住者個人

$$\text{当月賃金給与収入額} = \text{当月国内外賃金給与総額} \times \frac{\text{当月国内支払賃金給与金額}}{\text{当月国内外賃金給与総額}} \times \frac{\text{当月賃金給与に属する勤務期間の国内勤務日数}}{\text{当月賃金給与に属する勤務期間の西暦日数}}$$

この公式一は個人所得税法実施条例の短期滞在者の免税規定によるもので，中国国内支払の賃金給与金額がゼロである場合には，課税所得は発生しない計算式となっています。国内雇用主が支払ったまたは負担した場合に，国内支払賃金給与のうち国内勤務期間に相当する部分が課税所得となります。

また，計算公式の中の当月国内外賃金給与が異なる期間に属する複数の賃金給与を含む場合は，はじめにそれぞれの異なる期間別に属する賃金給与収入額を計算し，その後に合算して当月賃金給与収入額を計算します。

公式一の中の賃金給与に属する勤務期間の西暦日数とは，住所のない個人が取得する賃金給与に属する勤務期間を西暦で計算した日数をいいます。

この計算式を簡単に表示すれば，次のとおりです。

賃金給与収入額＝国内外賃金給与総額×国内支払割合×国内源泉所得割合

---

② 国内居住期間が累計して90日を超え183日未満である非居住者

一納税年度内で，中国国内で累計して90日を超えたが183日未満居住する非居住者個人が国内勤務期間に属する賃金給与所得を取得した場合は，すべて個人所得税を計算し納付します。その取得した国外勤務期間に属する賃金給与所得は，個人所得税が課税されません。

当月賃金給与収入額の計算公式は下記のとおりです。

■公式二　累計して90日を超え183日未満である非居住者個人

$$\text{当月賃金給与収入額} = \text{当月国内外賃金給与総額} \times \frac{\text{当月賃金給与に属する勤務期間の国内勤務日数}}{\text{当月賃金給与に属する勤務期間の西暦日数}}$$

この公式二では，国内支払と国外支払に関係なく，国内勤務期間に相当する賃金給与所得が課税所得となります。この計算式を簡単に表示すれば，次のとおりです。

賃金給与収入額＝国内外賃金給与総額×国内源泉所得割合

第12章 給与所得者課税

居住者であるが住所のない個人の賃金給与収入額

　中国国内に住所のない個人が，中国国内において累計して満183日居住する年度が連続して6年に満たない場合は，主管税務機関への届出を行うことによって，その中国国外に源泉がありかつ国外の単位または個人が支払った所得は，個人所得税の納付が免除されます。

　そこで，一納税年内において，中国国内で累計して満183日居住する住所のない居住者個人が賃金給与所得を取得した場合は，連続して6年未満と連続して満6年の場合に分けて，当月賃金給与収入額を計算します。

　① 累計して満183日居住する年度が連続して6年未満である居住者

　中国国内において累計して満183日居住する年度が連続して6年未満である住所のない個人は，個人所得税法実施条例第4条の優遇条件に該当する場合は，その取得する全部の賃金給与所得は，国外勤務期間に属しかつ国外の単位または個人が支払った賃金給与所得部分を除いて，すべて個人所得税を計算し納付します。実施条例第4条の優遇条件に該当する場合とは，主管税務機関へ届出を行うことと1回の出国が30日を超える場合です。

　このほか第35号公告では，中国国内において累計して満183日居住するいずれかの年度において1回の出国が30日を超えることがある場合は，その中国国内において累計して満183日居住する年度の連続年数はあらためて起算すなわち計算し直すことも規定されています。

　賃金給与所得収入額の計算公式は下記のとおりです。

■公式三　累計して満183日居住する年度が6年未満の居住者個人

$$
\begin{array}{l}
\text{当月賃金} \\ \text{給与収入額}
\end{array}
=
\begin{array}{l}
\text{当月国内外} \\ \text{賃金給与総額}
\end{array}
\times
\left[
1 -
\dfrac{\begin{array}{c}\text{当月国外支払}\\ \text{賃金給与金額}\end{array}}{\begin{array}{c}\text{当月国内外}\\ \text{賃金給与総額}\end{array}}
\times
\dfrac{\begin{array}{c}\text{当月賃金給与に属する}\\ \text{勤務期間の国外勤務日数}\end{array}}{\begin{array}{c}\text{当月賃金給与に属する}\\ \text{勤務期間の西暦日数}\end{array}}
\right]
$$

　この公式三は，国外勤務期間割合による国外源泉所得のうちの国外支払割合に相当する部分を課税所得から除外する計算式です。

　この計算式を簡単に表示すれば，次のとおりです。

$$賃金給与収入額＝国内外賃金給与総額×（1－国外支払割合×国外源泉所得割合）$$

② 累計して満183日居住する年度が連続して満6年である居住者

　中国国内において累計して満183日居住する年度が満6年連続した後に，実施条例第4条の優遇条件に該当しない住所のない個人は，その国内，国外から取得する全部の賃金給与所得はすべて個人所得税を計算し納付しなければなりません。つまり，「当月賃金給与収入額＝当月国内外賃金給与総額」となります。

3　住所のない個人が高級管理職である場合

　中国国内居住企業の高級管理職については，国内において職務を履行するかどうかに関係なく，取得する国内居住企業が支払ったまたは負担した董事費，監事費，賃金給与またはその他の類似報酬は，国内源泉所得に該当します。

　高級管理職とは，企業の董事，監事，高級管理職務を担当する個人をいい，高級管理職務とは，総経理，副総経理，経理，副経理，各職能長，総監，その他の類似の会社経営管理層の職務をいいます。

　住所のない個人が高級管理職である場合の居住期間と課税所得と計算公式の関係をはじめに要約すれば次のとおりです。

■高級管理職の計算公式の要約

納税者		計算式	国内源泉所得		国外源泉所得	
			国内払	国外払	国内払	国外払
非居住者	累計して90日を超えない高級管理職	―	課税		課税	
	累計して90日を超え183日未満である高級管理職	公式三	課税	課税	課税	
居住者	累計して満183日居住する年度が連続して6年未満の居住者個人と高級管理職	公式三	課税	課税	課税	
	累計して満183日居住する年度が連続して満6年の居住者個人と高級管理職	―	課税	課税	課税	課税

第12章　給与所得者課税

住所のない居住者個人である高級管理職の賃金給与収入額

　住所のない居住者個人が高級管理職である場合は，賃金給与収入額は上記の居住者個人の計算公式に従って計算し納税します。

　すなわち，この高級管理職が累計して満183日居住する年度が6年未満の居住者個人である場合には前記公式三（170ページ）が，累計して満183日居住する年度が連続して満6年である居住者の場合は，「当月賃金給与収入額＝当月国内外賃金給与総額」の計算式が適用されます。

非居住者個人である高級管理職

　非居住者個人が高級管理職である場合は，①高級管理職の国内居住期間が累計して90日を超えない場合と②高級管理職の国内居住期間が累計して90日を超え183日未満である場合に分けて処理します。

①　高級管理職の国内居住期間が累計して90日を超えない場合

　一納税年度内において，中国国内に累計して90日を超えないで居住する高級管理職は，その取得した国内雇用主が支払ったまたは負担した賃金給与所得は個人所得税を計算し納付しなければなりません。

　国内雇用主が賃金給与所得を支払わなかった場合または負担しなかった場合は，個人所得税を納付しません。当月の賃金給与収入額は当月に国内で支払ったまたは負担した賃金給与収入額です。

　このように高級管理職の国内居住期間が累計して90日を超えない場合には，個人所得税法実施条例第5条の短期滞在者の免税要件を満たさない国内雇用主の支払ったまたは負担した賃金給与所得が課税所得となります。

②　高級管理職の国内居住期間が累計して90日を超え183日未満である場合

　一納税年度内において，中国国内に累計して90日を超えるが183日未満居住する高級管理職は，その取得した賃金給与所得は，国外勤務期間に属しかつ国内雇用主が支払わなかったまたは負担しなかった部分を除いて，個人所得税を計算し納付します。当月の賃金給与収入額の計算は公式三を適用します。

■公式三（再掲）

$$\frac{\text{当月賃金}}{\text{給与収入額}} = \frac{\text{当月国内外}}{\text{賃金給与総額}} \times \left[1 - \frac{\text{当月国外支払}}{\text{当月国内外}} \times \frac{\text{当月賃金給与に属する}}{\text{勤務期間の国外勤務日数}} \right]$$

　このように高級管理職の国内居住期間が累計して90日を超え183日未満である場合は，個人所得税法実施条例第5条の短期滞在者の免税規定は適用されませんので国内雇用主の支払または負担とは関係なく，国内外の賃金給与総額のうち国外支払の国外勤務期間に相当する部分を除いて課税所得額が計算されています。

4　賃金給与所得の税額計算

住所のない非居住者の賃金給与所得の税額計算

　非居住者が当月に賃金給与所得を取得した場合は，規定に従って計算した当月賃金給与収入額から，税法の規定する控除費用（月5千元）を減額した後の残額を課税所得額とします。

課税所得額＝当月賃金給与収入額－5,000元

　納付税額は，月換算後の総合所得税率表（月度税率表）を適用して計算します。

納付税額＝課税所得額×適用税率－速算控除額

　月度税率表は「**第10章　2019年から大きく変わった中国の個人所得税**」の非居住者の賃金給与所得の個人所得税税率表三と同じものです。

第12章　給与所得者課税

■月換算後の総合所得税率表（月度税率表）

等級	月間課税所得額	税率	速算控除額(元)
1	3,000元を超えない場合	3%	0
2	3,000元を超え12,000元までの部分	10%	210
3	12,000元を超え25,000元までの部分	20%	1,410
4	25,000元を超え35,000元までの部分	25%	2,660
5	35,000元を超え55,000元までの部分	30%	4,410
6	55,000元を超え80,000元までの部分	35%	7,160
7	80,000元を超える部分	45%	15,160

■月度税率表（税込みの課税所得額と税引きの課税所得額）

等級	税込みの課税所得額	税引きの課税所得額	税率	速算控除額(元)
1	3,000元を超えない場合	2,910元を超えない部分	3%	0
2	3,000元を超え12,000元までの部分	2,910元を超え11,010元までの部分	10%	210
3	12,000元を超え25,000元までの部分	11,010元を超え21,410元までの部分	20%	1,410
4	25,000元を超え35,000元までの部分	21,410元を超え28,910元までの部分	25%	2,660
5	35,000元を超え55,000元までの部分	28,910元を超え42,910元までの部分	30%	4,410
6	55,000元を超え80,000元までの部分	42,910元を超え59,160元までの部分	35%	7,160
7	80,000元を超える部分	59,160元を超える部分	45%	15,160

住所のない非居住者の役務報酬所得，原稿報酬所得，特許権使用料所得の税額計算

非居住者が国内に源泉のある役務報酬所得，原稿報酬所得，特許権使用料所得を取得した場合は，税法の規定する毎回収入額を課税所得額とし，上記の月度税率表を適用して納付税額を計算します。

居住者の総合精算納付の税額計算

居住者の総合精算納付税額の計算は次のとおりです。

■公式四

年度総合所得納付税額＝（年度賃金給与収入額＋年度役務報酬収入額＋年度原稿
報酬収入額＋年度特許権使用料収入額－控除減額費用
（年6万元）－特定控除－特定付加控除－法により確定し
たその他の控除）×適用税率－速算控除額

年度の賃金給与，役務報酬，原稿報酬，特許権使用料の収入額は，それぞれ年度内の毎月の賃金給与と毎回の役務報酬，原稿報酬，特許権使用料の収入額別に合計額を計算します。

年度賃金給与収入額は，住所のない居住者個人で，上述した「賃金給与収入額の要約」の中の「累計して満183日居住する年度が連続して6年未満の居住者個人」と「累計して90日を超え183日未満である高級管理職」に対しては公式三を適用して計算します。

居住者のうち「賃金給与収入額の要約」の中の住所のない居住者個人で「累計して満183日居住する年度が連続して満6年の居住者個人」と，住所のある居住者個人の賃金給与収入額は，「当月国内外賃金給与収入額」になり，すべての国内外源泉所得が課税対象となります。

総合精算納付時に適用される税率表は，個人所得税税率表一（総合所得適用）が適用されます。

第12章　給与所得者課税

■個人所得税税率表一（総合所得適用）

等級	全年課税所得額	税率（％）	速算控除額(元)
1	36,000元を超えない部分	3	0
2	36,000元を超え144,000元までの部分	10	2,520
3	144,000元を超え300,000元までの部分	20	16,920
4	300,000元を超え420,000元までの部分	25	31,920
5	420,000元を超え660,000元までの部分	30	52,920
6	660,000元を超え960,000元までの部分	35	85,920
7	960,000元を超える部分	45	181,920

居住者の賃金給与所得の源泉徴収税額の計算

　住所のない居住者個人と住所のある居住者個人が，賃金給与所得のみを取得した場合には，累計予定控除法に従って税額を控除します。

　累計予定控除法による課税所得の計算と源泉税額の計算公式は下記のとおりです。

> 累計課税所得額＝累計賃金給与収入額－累計免税収入－累計控除費用－累計特定控除－累計特定付加控除－累計のその他の控除

　累計賃金給与収入額は，上述した「賃金給与収入額の要約」の中の「累計して満183日居住する年度が連続して6年未満の居住者個人」と「累計して90日を超え183日未満である高級管理職」に対しては公式三を適用して計算した賃金給与収入額の当月までの累計額を使用します。

　居住者のうち「賃金給与収入額の要約」の中の住所のない居住者個人で「累計して満183日居住する年度が連続して満6年の居住者個人」と，住所のある居住者個人の賃金給与収入額は，「当月国内外賃金給与収入額」の当月までの累計額を使用します。

　累計控除費用は，月額5,000元×当月までの月数で計算します。

> 予定控除税額＝(累計課税所得額×予定控除率－速算控除額)－累計減免税額－累計予定控除済み税額

予定控除率と速算控除額は，下記の個人所得税予定控除率表一を適用します。

■個人所得税予定控除率表一（居住者個人の賃金給与所得の予定控除予定納付に適用）

等級	累計予定控除予定納付課税所得額	予定控除率(%)	速算控除額(元)
1	36,000元を超えない部分	3	0
2	36,000元を超え144,000元までの部分	10	2,520
3	144,000元を超え300,000元までの部分	20	16,920
4	300,000元を超え420,000元までの部分	25	31,920
5	420,000元を超え660,000元までの部分	30	52,920
6	660,000元を超え960,000元までの部分	35	85,920
7	960,000元を超える部分	45	181,920

第13章

日中租税条約による
給与所得者の税額計算

1　日中租税条約の歴史と制度

　日中租税条約は中国政府が外国と初めて締結した租税条約で1983年に締結されました。

　日中租税条約の特徴は，発展途上国としての中国政府を支援するため，外資優遇税制に対して大幅な「みなし外国税額控除」を導入するとともに，配当，利子，使用料についても源泉地国の課税権を尊重して限度税率が高めに設定されていることです。

　ここで，みなし外国税額控除は，発展途上国で免税とした所得が先進国で課税されてしまわないように，先進国でその免税に相当する税額を控除できる制度ですが，2007年の企業所得税法の改正によって，外資優遇税制はほとんど撤廃され，5年間の経過措置も2012年末には終了しました。

　中国国内税法については，196ページ「**Column ⑮ 日中租税条約と中国国内税法**」をご参照ください。

発展途上国としてのふるまいは実態に合っているか

　さらに，日中租税条約で注目すべきなのは，日中租税条約は恒久的施設の条項において，先進国間で尊重される OECD モデル租税条約の PE（Permanent Establishment，恒久的施設）の概念だけではなく，発展途上国の源泉課税を尊重する国連モデル租税条約のサービス PE 課税を全面的に採用したことです。

　サービス PE 課税については，中国では日中租税条約締結以後に次のような課税が規定されています（サービス PE 課税については第7章「中国のサービ

ス PE 課税 – 出向者と出張者」をご参照ください）。

1994年	建設工事 PE に関係する設計役務についてのサービス PE 課税
1995年	外国から輸入する機械設備の据付，組立，技術訓練，指導，監督等の サービス PE 課税
2000年	外国コンサルタント会社が提供するコンサルタント役務の PE 課税
2005年	外国企業の情報システムの国内におけるメインテナンスとコンサルタン トサービスの PE 課税
2013年	外国企業の派遣者によるサービス PE 課税

　OECD モデル租税条約でも2006年の変更案でサービス PE 課税を取り入れる条項が検討されています。12か月の間に183日を超えて役務を提供しかつ 1 人または複数の個人を通じてその役務が同一または関連のプロジェクトとして遂行される場合には，その国に PE（恒久的施設）を有するものとして事業所得が課税されることが認められています。

　サービス PE 課税は，役務によって生ずる所得を販売活動による事業所得と同様に PE を有する場合にのみその源泉地で課税するものです。租税条約のモデルには先進国の課税権を重視する OECD モデル租税条約と，発展途上国の課税権を重視する（所得の源泉地国の課税権を重視する）国連モデルがありますが，中国が採用しているのは国連モデルなのです。

先進国としての実態に合った租税条約改訂へ

　日中租税条約が締結されて36年になろうとしています。この間に中国は発展途上国から先進国の仲間入りを果たしました。

　租税条約の対象税目である企業所得税と個人所得税も大幅に変わっています。

　中国政府は2007年のシンガポールとの租税条約の改訂をはじめとして，イギリス，デンマーク，オランダ，スイス，フランス，ドイツ等の各国政府と租税条約の改訂を行っています。これらの改訂租税条約は旧条約の多くを最近のOECD と国連のモデル条約の条項に改訂し，各国政府との新たな経済交流の実態を反映したものとなっています。

　今回，中国は個人所得税を大幅に変更しましたので日中租税条約の改訂もまたその重要性を増しています。

第13章　日中租税条約による給与所得者の税額計算

第13章　日中租税条約による給与所得者の税額計算

日中租税条約上の特典

日本と中国が締結した日中租税条約には，日本の居住者が享受することのできる租税条約上の特典条項があります。具体的には次の特典があります。

第15条1項	給与所得（国外給与所得）の特典
第15条2項	給与所得（国内給与所得）の特典
第14条	自由職業所得条項の特典
第7条	事業所得条項の特典
第16条	役員報酬条項の特典
第12条	特許権使用料条項の特典

日中租税条約第15条第1項（国外給与所得）の特典

国外給与所得の特典とは，租税条約の給与所得条項の規定に従って，相手国の租税居住者個人が国外において勤務活動に従事して取得する給与所得をいい，国外勤務期間の給与所得については個人所得税を納付しないことができるという特典です。給与所得課税の源泉は勤務地にあり，給与所得課税の原則ともいわれています。

日中租税条約第15条第1項では，「一方の締約国の居住者がその勤務について取得する給料，賃金，その他これらに類する報酬に対しては，勤務が他方の締約国において行われない限り，当該一方の締約国においてのみ租税を課することができる。勤務が他方の締約国内において行われる場合には，当該勤務から生ずる報酬に対しては，当該他方の締約国において租税を課することができる」とあり，国外勤務期間に属する賃金給与所得は個人所得税が課税されません。

この規定では，住所のない個人が相手国の租税居住者個人である場合で，その取得する賃金給与所得が国外給与所得の条約上の特典を享受できる場合には，その国外源泉所得については個人所得税を納付しないことができます。

住所のない個人とは，次の個人をいいます（165ページ**第12章「給与所得課税－国内法による税額計算」**もご参照ください）。

■住所のない個人

居住者区分	居住期間	課税所得	納税義務者
居住者	国内に累計して満183日居住する年度が連続して満6年で，かつそのいずれかの年度で1回の出国が30日を超えない個人	全所得	無制限納税義務者
	国内に累計して満183日居住する年度が連続して6年未満の個人，または連続して満6年であるが1回の出国が30日を超える個人	国内所得と国外所得の国内支払部分	制限納税義務者
非居住者	国内に累計して183日未満居住する個人または国内に住所も居所もない個人	国内所得	

　相手国の租税居住者個人となるには，196ページ「**Column ⑯中国租税居住者身分証明書の新規定**」に従って，届け出を行う必要があります。

日中租税条約第15条第2項（国内給与所得）の特典

　国内給与所得の特典とは，「租税条約上の短期滞在者の免税規定」ともいいます。

　これは，租税条約の給与所得条項の規定に従って，租税条約の定める期間内に国内滞在日数が183日を超えない相手国の租税居住者個人が，国内において雇用関係による活動に従事して給与所得を取得した場合は，国内居住雇用主が支払ったまたはその支払を代行した給与所得を，国内の恒久的施設に負担させたのでもないならば，個人所得税を納付しないことができる，というものです。

　このように住所のない個人が相手国の租税居住者個人である場合で，その取得する賃金給与所得が国内給与所得の条約上の特典を享受できる場合，すなわち短期滞在者の免税要件を満たす場合は，個人所得税を納付しないことができます（短期滞在者の免税要件を満たすことができない場合には，賃金給与収入額の計算に公式一（168ページ）が適用されます）。

　日中租税条約第15条第2項（短期滞在者の免税規定）では，「一方の締約国の居住者が他方の締約国内において行う勤務について取得する報酬に対しては，次の(a)から(c)までに掲げることを条件として，当該一方の締約国においてのみ租税を課することができる」とあり，短期滞在者の免税要件として次の3つの

第13章　日中租税条約による給与所得者の税額計算

条件を掲げています。

> (a) 報酬の受領者が当該年を通じて合計183日を超えない期間当該他方の締約国
>   内に滞在すること
> (b) 報酬が当該他方の締約国の居住者でない雇用者またはこれに代わるものから
>   支払われるものであること
> (c) 報酬が雇用者の当該他方の締約国内に有する恒久的施設または固定的施設に
>   よって負担されものでないこと

　短期滞在者の免税要件を満たす場合には，下記の公式のうちの国内支払賃金
給与金額がゼロとなりますので，個人所得税は課税されません。

公式一　租税条約上の短期滞在者免税規定の特典を適用する場合

$$
\text{当月賃金給与収入額} = \text{当月国内外賃金給与総額} \times \frac{\text{当月国内支払賃金給与金額}}{\text{当月国内外賃金給与総額}} \times \frac{\text{当月賃金給与に属する勤務期間の国内勤務日数}}{\text{当月賃金給与に属する勤務期間の西暦日数}}
$$

　中国国内法上の住所のない居住者個人が相手国の租税居住者者個人である場
合には，賃金給与収入額の計算では中国の非居住者個人として公式一を適用し
て条約上の特典を享受することができます。

　ただし，中国国内法上の手続としては，中国居住者として源泉徴収納付（予
定控除予定納付）と総合精算納付の手続を行うことになります。

　また，中国国内法上の住所のない非居住者個人が相手国の租税居住者者個人
である場合には，賃金給与収入額の計算で所得を取得した時に条約上の特典を
享受することができます。

　租税条約上の短期滞在者の免税要件を満たす場合には，個人所得税が免税さ
れます。中国国内法上の手続としては非居住者個人として源泉徴収納付（代理
控除代理納付）の手続を行うことになります。

2　日中租税条約による賃金給与収入額の計算

　ここでは，第12章で解説した第35号公告の規定を日中租税条約に適用して解

説します。日中租税条約上で日本の居住者として取り扱われる場合の賃金給与収入額の計算を検討します。

賃金給与収入額の計算は公式二を適用します。

公式二　租税条約上の国外勤務を課税しない特典を適用する場合

$$\text{当月賃金給与収入額} = \text{当月国内外賃金給与総額} \times \frac{\text{当月賃金給与に属する勤務期間の国内勤務日数}}{\text{当月賃金給与に属する勤務期間の西暦日数}}$$

この公式二は，個人所得税法の国内に累計して90日を超え183日未満である非居住者個人に適用される公式ですが，租税条約で相手国の居住者個人として取り扱われる場合には，国内法により中国国内に累計して満183日居住する居住者であっても非居住者として取り扱い，当月賃金給与収入額の計算は非居住者として計算し，国外勤務期間に相当する賃金給与収入額は課税しないものとする規定です。

居住者個人は，予定控除予定納付と総合精算納付のときに特典を受けられる

住所のない居住者個人が相手国の租税居住者個人である場合は，予定控除予定納付と総合精算納付の時に，この規定により条約上の特典を享受することができます。

中国の個人所得税法では，住所のない個人が中国国内に累計して満183日居住する場合には中国の居住者個人に該当しますが，同時に日中租税条約により日本の居住者に該当する場合は，中国国内勤務期間に相当する賃金給与収入額のみが課税され，国外勤務期間に相当する賃金給与収入額は課税しないことができます。

中国の居住者個人である場合には，賃金給与所得を取得した時に予定控除予定納付という源泉徴収課税が行われ，総合精算納付が必要な場合には総合精算申告納付を行うことになります。

このように賃金給与収入額の計算は非居住者個人として計算しますが，源泉徴収（予定控除予定納付）課税と総合精算納付の時は，総合所得課税を適用す

第13章 日中租税条約による給与所得者の税額計算

る居住者個人として税務処理を行うことになります。

非居住者個人は所得を取得したときに特典を受けられる

中国の非居住者個人が相手国の租税居住者個人である場合は，所得を取得した時にこの規定により条約上の特典を享受することができます。

中国の非居住者個人である場合には，賃金給与所得を取得した時に代理控除代理納付という源泉徴収課税が行われますが，賃金給与収入額の計算は公式二により当月賃金給与収入額が計算されます。

日中租税条約を適用した場合の賃金給与収入額の要約

日中租税条約を適用した日本の居住者の居住期間別の賃金給与収入額の計算を要約すれば，次のとおりです。ここでは日本の居住者であると仮定していますので，日本の租税条約上の非居住者である場合は該当しません。

■居住期間と賃金給与収入額の計算

納 税 者		計算式	国内源泉所得		国外源泉所得	
			国内払	国外払	国内払	国外払
非居住者	合計183日を超えないで中国に滞在する非居住者	免税				
		公式一	課税			
	合計183日超中国に滞在する非居住者個人	公式二	課税	課税		
居住者	合計183日を超えないで中国に滞在する非居住者	免税				
		公式一	課税			
	合計183日超中国に滞在する非居住者個人	公式二	課税	課税		
非居住者	累計して90日を超えない高級管理職	－	課税		課税	
	累計して90日を超え183日未満である高級管理職	公式三	課税	課税	課税	

このように中国の個人所得税法で中国の居住者とされる場合であっても，日中租税条約で日本の居住者に該当する場合には非居住者として給与所得の一般

原則と短期滞在者の免税規定が適用されますので，この限りにおいて二重課税は発生しません。

3 その他の日中租税条約上の特典

自由職業所得の特典（第14条）と事業所得の特典（第7条）

日中租税条約第14条では，日本の居住者が自由職業その他の独立の性格を有する活動で取得する所得については，中国国内に固定的施設（恒久的施設と同義で，事業の場所をいう）を有さず，かつその年を通じて合計183日を超えないで中国国内に滞在しない限り，日本でのみ所得税が課税され，中国では課税されないという特典が規定されています。

自由職業とは，演劇，映画，ラジオ，テレビの俳優，音楽家等の芸能人やスポーツマン，弁護士，会計士等の専門職をいいます。

なお，日中租税条約7条第1項では，日本の居住法人が中国国内にある恒久的施設を通じて中国国内で事業を行わない限り，日本でのみ法人税が課税され中国では課税されないという特典も規定されています。

役員報酬条項（第16条）

日中租税条約第16条では，日本の居住者が中国の居住法人の役員の資格で取得する役員報酬については中国で所得税を課することができると定めています。

この役員報酬条項は，役員の役務提供地を確定することが困難であることが多いため，役員の法人居住地国で役務提供が行われたものと認めて課税を行うものです。

役員報酬条項を適用した日本の居住者については，日中租税条約上の給与所得の特典，自由職業所得の特典，事業所得の特典は適用されません。役員報酬条項を適用しなかった日本居住者に対しては，給与所得条項，自由職業所得条項，事業所得条項の特典を享受できる場合にはこれらの特典を適用することができます。

旧税法の規定では，中国の高級管理職について租税条約で役員に含むことが明記されている場合には役員報酬条項をそのまま適用し，租税条約で中国の高級管理職を含むことが明記されていない場合には，役員条項を適用しないで従

業員として役務提供による賃金給与所得として課税することが行われていました。

　中国が締結した租税条約の役員条項の中で，役員に高級管理職が含まれていることが明記された国には，ノルウェー，カナダ，スイス，タイ等がある一方で，明記されていない国には，日本，米国，フランス，イギリス等があります。

　日中租税条約第16条の役員条項では高級管理職が役員に含まれていることが明記されていないことから，中国で支払われる高級管理職の賃金給与または報酬を役務提供地すなわち中国勤務期間に応じて課税する従業員の賃金給与として納税する実務が一般的でした。

　ただし，旧税法のこの関連規定は第35号公告により廃止されています。役員として納税するかまたは従業員として納税するかの選択適用が認められていた旧税法の関連規定が復活するのかまたは変更されるかについては現段階では明確ではありません。

　新税法では，上述したとおり，役員報酬条項を適用しなかった場合には給与所得等の特典を適用することができるとのみ規定しています。

4　設例による旧税法と新税法の税額比較

　新税法では，給与所得者の課税所得計算で新たに賃金給与収入額という新しい概念を設定しました。

　旧税法では国内外の課税所得総額に税率と速算控除額を適用して税額計算してから，国内源泉所得と国外源泉所得の割合に応じて納付税額を計算する構造を採用していた（先税後分）のに対して，新税法では課税所得額を計算する前に賃金給与収入額を計算してこの賃金給与収入額に国内源泉所得と国外源泉所得の割合を乗じて課税所得額を計算し，その後に税率と速算控除額を適用して納付税額を計算する構造（先分後税）になりました。

　この新しい計算構造によって最終的に計算される納付税額は大きく異なるものになっています。

　旧税法と新税法の税額がどれくらい違うのか，以下では設例を用いてシミュレーションを行いました。なお，文中の説明では為替レートを1元＝16.5元と仮定しています。

設例1	日中租税条約が適用される日本の居住者で，一納税年度内で中国国内に合計183日以内滞在する場合
	▶▶▶187ページ

設例2	日中租税条約が適用される日本の居住者で，中国子会社から高級管理職報酬として10,000元，日本本社から給料総額として20,000元を受領する場合で，一納税年度の累計した中国居住期間は90日を超えないで，当月の日数は30日で中国居住日数は10日である場合
	▶▶▶188ページ

設例3	日中租税条約が適用される日本の居住者で，一納税年度内で中国国内に累計して183日超1年未満滞在するが，中国国内に連続して満6年居住する個人ではなく，日本の給与総額は月額30,000元で，当月の日数は30日で中国居住日数は20日である場合
	▶▶▶191ページ

設例4	日中租税条約が適用される日本の非居住者，中国子会社に出向して子会社給与は20,000元，日本本社給与は10,000元，中国の法定社会保険料の自己負担部分は月1,500元，当月の日数は30日で日本勤務日数は10日，中国国内に連続して満6年居住する個人ではない場合。
	▶▶▶192ページ

設例5	日中租税条約が適用される日本の非居住者，中国子会社に出向して子会社給与は35,000元，中国の法定社会保険料の自己負担部分は月2,500元，中国国内に連続して満6年居住する個人ではないが，当年度は1月1日から12月31日まで中国居住の場合には，公式一が適用されます。
	▶▶▶194ページ

▶▶▶設例1　日中租税条約の短期滞在者の免税規定の適用

　旧税法と新税法ともに，日中租税条約第15条第2項の短期滞在者の免税要件である中国滞在183日以内，中国国外雇用主による給与支払，中国国内の恒久的施設等の給与負担なしに該当する場合には，個人所得税は免税となります。

第13章　日中租税条約による給与所得者の税額計算

　この短期滞在者の免税要件を満たすことができない場合には，公式一が適用されます。免税要件を満たさない場合の計算公式は次のとおりです。

旧税法

$$納付税額 = \left[\begin{array}{c}当期国内外 \\ 賃金給与 \\ 課税所得額\end{array} \times 適用税率 - 速算控除額\right] \times \frac{当月国内支払賃金}{当月国内外支払賃金総額} \times \frac{当月国内勤務日数}{当月日数}$$

$$当期国内外賃金給与課税所得額 = 当期国内外賃金給与収入 - 費用控除4,800元$$

新税法
公式一

$$\begin{array}{c}当月賃金 \\ 給与収入額\end{array} = \begin{array}{c}当月国内外 \\ 賃金給与総額\end{array} \times \frac{当月国内支払賃金給与金額}{当月国内外賃金給与総額} \times \frac{当月賃金給与に属する勤務期間の国内勤務日数}{当月賃金給与に属する勤務期間の西暦日数}$$

$$納付税額 = (当月賃金給与収入額 - 5,000元) \times 適用税率 - 速算控除額$$

　上記のとおり，旧税法では税額計算した後に，国内支払割合と国内勤務日数割合を乗じて納付すべき税額を計算しています。これに対して，新税法では初めに国内外の賃金給与総額に国内支払割合と国内勤務日数割合を乗じて課税所得額を計算した後に，税額計算しています。

　この相違により，新税法の税額は旧税法の税額より小さくなります。新税法では低所得者と中所得者に対して税率が軽減されているのでこれらの納税義務者の税額はさらに小さくなります。高所得者についてはその税率は変化していませんので，税率表の改正の影響はありません。

▶▶▶設例2　中国子会社の高級管理職に就任した日本の居住者

旧税法

　中国国内企業で高級管理職に就任している場合には，その高級管理職が取得

する報酬は原則として賃金給与所得として個人所得税が課税されます。

中国国内企業が高級管理職報酬を支給している場合には，下記の計算式で納付税額を計算します。

$$
納付税額 = \left[\begin{array}{c} 当期国内外 \\ 賃金給与 \\ 課税所得額 \end{array} \times 適用税率 - 速算控除額 \right] \times \frac{当月国内支払賃金}{当月国内外支払賃金総額} \times \frac{当月国内勤務日数}{当月日数}
$$

■旧税法の賃金給与所得の税率表

等級	全月課税所得額		税率(%)	速算控除額
	税込等級所得	税引等級所得		
1	1,500元を超えない場合	1,455元を超えない場合	3	0元
2	1,500元を超え4,500元までの部分	1,455元を超え4,155元までの部分	10	105元
3	4,500元を超え9,000元までの部分	4,155元を超え7,755元までの部分	20	555元
4	9,000元を超え35,000元までの部分	7,755元を超え27,255元までの部分	25	1,005元
5	35,000元を超え55,000元までの部分	27,255元を超え41,255元までの部分	30	2,755元
6	55,000元を超え80,000元までの部分	41,255元を超え57,505元までの部分	35	5,505元
7	80,000元を超える部分	57,505元を超える部分	45	13,505元

旧税法の全月課税所得額とは，毎月の収入金額から外国人の控除費用4,800元と社会保険料等を控除した金額ですが，ここでは社会保険料等は0元と仮定します。

全月課税所得額 = 30,000元 - 4,800元 = 25,200元

上記税率表の等級4の税率と速算控除額を適用します。

第13章　日中租税条約による給与所得者の税額計算

> 納付税額＝［(30,000元－4,800元)×25％－1,005元］×10,000元／30,000元×10日
> ／30日＝5,295元×1／3×1／3＝588.33元

　このように旧税法では，国内外賃金給与収入額から外国人の控除費用4,800元等を差し引いたすべての課税所得額を計算して税率表に適用して税額を計算し，その後に国内支払部分の国内源泉所得（国内勤務日数）の税額を計算します。

新税法

　非居住者個人である高級管理職の賃金給与収入額の計算は，高級管理職の国内居住期間が累計して90日を超えない場合で，短期滞在者の免税規定を満たさない場合は，国内雇用主の支払ったまたは負担した賃金給与所得が課税所得額となります。

> 賃金給与収入額＝国内雇用主の当月国内支払または負担した賃金給与収入額

> 課税所得額＝国内支払賃金給与収入額10,000元－控除費用5,000＝5,000元

■月換算後の総合所得税率表（月度税率表）

等級	月間課税所得額	税率（％）	速算控除額(元)
1	3,000元を超えない場合	3	0
2	3,000元を超え12,000元までの部分	10	210
3	12,000元を超え25,000元までの部分	20	1,410
4	25,000元を超え35,000元までの部分	25	2,660
5	35,000元を超え55,000元までの部分	30	4,410
6	55,000元を超え80,000元までの部分	35	7,160
7	80,000元を超える部分	45	15,160

> 納付税額＝5,000元×10％－210元＝290元

　このように，新税法は国内外の賃金給与総額ではなく，国内で支払われたま

190

たは負担した賃金給与金額から控除費用5,000元を差し引いた課税所得額で税率表を適用しており，また新税法の税率表は課税所得のランキングが低い部分は税率が低く設定されていることから，税額の負担は軽減されています。

ただし，新税法の税率表は，課税所得のランキングが高い部分については税率が変更されていませんので，日本と比較してかなり高税率の個人所得税が課税されることになります（第10章を参照）。

▶▶▶設例3　中国国内に累計して183日超1年未満居住する日本の居住者

旧税法

中国に183日超1年未満居住する日本居住者の税額計算は次のとおりです。

$$
納付税額＝\left[\begin{array}{l}当期国内外賃金\\給与課税所得額\end{array}×適用税率－速算控除額\right]×\dfrac{当月国内勤務日数}{当月日数}
$$

納付税額＝[(30,000元－4,800元)×25％－1,005元]×20日／30日 ＝5,295元×2／3＝3,530元

旧税法では，はじめに課税所得額を税率表に適用して税額を計算した後に，国内勤務日数に相当する税額を計算します。

新税法

住所のない個人が中国国内に累計して満183日居住する場合には国内法では中国の居住者個人に該当しますが，同時に日中租税条約により日本の居住者に該当する場合は中国では非居住者として取り扱われ，中国国内勤務日数に相当する賃金給与所得のみが課税されます。

当月賃金給与収入額の計算公式は次のとおりです。税率表は非居住者に適用される月度税率表を適用します。

第13章　日中租税条約による給与所得者の税額計算

公式二　租税条約上の国外勤務を課税しない特典を適用する場合

$$\frac{当月賃金}{給与収入額} = \frac{当月国内外}{賃金給与総額} \times \frac{\begin{array}{c}当月賃金給与に属する\\勤務期間の国内勤務日数\end{array}}{\begin{array}{c}当月賃金給与に属する\\勤務期間の西暦日数\end{array}}$$

当月賃金給与収入額 ＝ 30,000元 × 20日／30日 ＝ 20,000元

納付税額 ＝（20,000元 － 5,000元）× 20％ － 1,410元 ＝ 1,590元

　新税法では，初めに国内勤務日数に相当する賃金給与収入額を計算した後に，税率表を適用して税額を計算しますので，旧税法に比較して課税所得額が小さくなります。

　また，賃金給与総額が月30,000元（年収約594万円相当）ですが，国内勤務期間割合（20日／30日）を乗じて当月賃金給与収入額を計算しますので，当月賃金給与収入額は月20,000元（年収約396万円相当）となりますので，税率が25％から20％に引き下げられて税額は旧税法に比べて小さくなります。

▶▶▶設例4　中国子会社への出向者

旧税法

　旧税法では，中国居住満1年以上5年未満の中国居住者の税額計算は次のとおりです。

$$納付税額 = \left[\begin{array}{c}当期国内外\\賃金給与\\課税所得額\end{array} \times \begin{array}{c}適用\\税率\end{array} - \begin{array}{c}速算\\控除額\end{array}\right] \times \left[1 - \frac{\begin{array}{c}当月国内\\支払賃金\end{array}}{\begin{array}{c}当月国内外\\支払賃金総額\end{array}} \times \frac{\begin{array}{c}当月国内\\勤務日数\end{array}}{当月日数}\right]$$

当月国内外賃金給与課税所得額 ＝ 賃金給与収入額30,000元 － 社会保険料1,500元
　　　　　　　　　　　　　　 － 控除費用4,800元 ＝ 23,700元

納付税額 ＝（23,700元 × 25％ － 1,005元）×（1 － 10,000元／30,000元 × 10日／30日）
　　　　 ＝ 4,920元 ×（1 － 0.111111）＝ 4,373.33元

新税法

新税法では，賃金給与所得のみを取得する居住者個人については，累計予定控除法による課税所得の計算と源泉税額を計算します。その計算公式は下記のとおりです。

> 累計課税所得額＝累計賃金給与収入額－累計免税収入－累計控除費用－累計特定控除－累計特定付加控除－累計のその他の控除

公式三　累計して満183日居住する年度が6年未満の居住者個人

$$\text{当月賃金}\atop\text{給与収入額} = {\text{当月国内外}\atop\text{賃金給与総額}} \times \left[1 - \frac{\text{当月国外支払}\atop\text{賃金給与金額}}{\text{当月国内外}\atop\text{賃金給与総額}} \times \frac{\text{当月賃金給与に属する}\atop\text{勤務期間の国外勤務日数}}{\text{当月賃金給与に属する}\atop\text{勤務期間の西暦日数}} \right]$$

ただし，ここでは旧税法との比較のみを行うため，当月のみの税額計算を行います。控除費用5,000元と社会保険料1,500元以外の控除はないものと仮定します。

> 当月賃金給与収入額＝30,000元×（1－10,000元／30,000元×10日／30日）
> ＝30,000元×（1－0.111111）＝26,666.67元

税率と速算控除額は，居住者個人の賃金給与所得の源泉徴収の予定控除率表を適用します。

■個人所得税予定控除率表一（居住者個人の賃金給与所得の予定控除予定納付に適用）

等級	累計予定控除予定納付課税所得額	予定控除率（％）	速算控除額（元）
1	36,000元を超えない部分	3	0
2	36,000元を超え144,000元までの部分	10	2,520
3	144,000元を超え300,000元までの部分	20	16,920
4	300,000元を超え420,000元までの部分	25	31,920
5	420,000元を超え660,000元までの部分	30	52,920
6	660,000元を超え960,000元までの部分	35	85,920
7	960,000元を超える部分	45	181,920

第13章　日中租税条約による給与所得者の税額計算

当月が初めて個人所得税を納付する月であると仮定します。

課税所得額＝26,666.67元－5,000元－1,500元＝20,166.67元

納付税額＝20,166.67元×3％－0元＝605元

新税法では，毎月の賃金給与所得は累計予定控除法が適用されますので，その年度で初めて源泉徴収課税される時の税率はより低い税率が適用されることになります。年度末に近づくにつれてより高い税率が適用されますので毎月の税額はより段々と増加します。

年間ベースで税額を比較すれば，次のとおりです。

旧税法　年間納付税額＝4,373.33元×12か月＝52,479.96元

新税法　累計課税所得額＝累計収入額320,000.04元（26,666.67元×12か月）－累計控除費用60,000元－累計特定控除18,000元（1,500元×12か月）＝242,000.04元
年間納付税額＝242,000.04元×20％－16,920元＝31,480.01元

年収は中所得者層に該当しますので，税率は旧税法の25％より低い20％が適用される結果，新税法の税額は小さくなります。

▶▶▶設例5　中国出向者で中国国外源泉所得がない場合

旧税法

当月国内外賃金給与課税所得額＝賃金給与収入額35,000元－社会保険料2,500元
－控除費用4,800元＝27,700元

納付税額＝27,700元×25％－1,005元＝5,920元

年間納付税額＝5,920元×12か月＝71,040元

新税法

累計課税所得額＝累計収入額420,000元（35,000元×12か月）－累計控除費用
　　　　　　　60,000元 － 累計特定控除30,000元（2,500元 ×12か 月 ）＝
　　　　　　　330,000元

年間納付税額＝330,000元×25％－31,920元＝50,580元

　このように新税法と旧税法の適用税率が同一であれば，両者の税額の差額は
控除費用と速算控除額の差額の合計になります。

　外国人にとって控除費用は4,800元から5,000元に引き上げられました。

　新税法の税率表は課税起算点が旧税法の月額1,500元から3,000元に引き上げ
られたのと低い課税所得の範囲が拡大されたことによって，税率表の速算控除
額が大きくなりました。

新税法の税額71,040元－旧税法の税額50,580元＝20,460元

新旧税法の控除費用の差額＝200元（5,000元－4,800元）×12か月＝2,400元

新旧税法の速算控除額の差額＝31,920元－1,005元×12か月＝19,860元

控除費用600元（2,400元×25％）＋速算控除額19,860元＝20,460元

　このように新旧税法の税額の差は，控除費用の差額と速算控除額の差額の合
計額となっています。

第13章　日中租税条約による給与所得者の税額計算

Column

日中租税条約と中国国内税法

　条約締結当時の1983年の中国の日中租税条約の対象税法は，「中外合資経営企業所得税法」，「外国企業所得税法」，「個人所得税法」でした。

　このうち合弁企業と外国企業の渉外税法である「中外合資経営企業所得税法」，「外国企業所得税法」は，1991年に「外国投資企業及び外国企業所得税法」に一本化され，その後2007年には渉外税法は内資と外資が統一されて「企業所得税法」になりました。

　「企業所得税」はその後，OECD 租税委員会の国際課税の報告書に沿って改正されており，中国政府の租税条約の解釈も最新の OECD モデル租税条約の解釈を採用して2010年に大幅に変更されました。

　また，個人所得税法は1994年に中国人と外国人が内外統一されて旧税法の「個人所得税」に改正され，2019年から新税法が施行されています。

Column

中国租税居住者身分証明書の新規定

　2019年4月1日付で国家税務総局は，「『中国租税居住者身分証明書』の修正に係る事項に関する公告」（国家税務総局公告2019年第17号）を発布し，租税条約上の相手国居住者であることを証する身分証明書の申請と取得について下記のように規定しました。

　この公告は2019年5月1日の実施となっています。日本の居住者はこの身分証明書を取得することにより，日中租税条約上の特典を受けることができるようになります。

　申請人である相手国居住者個人が「租税居住者身分証明書」の発行を申請するときには，税務機関に下記の資料を提出する必要があります。

1　「中国租税居住者身分証明書」の申請表
2　租税条約の特典を享受する予定の収入と関係する契約書，協議書，董事会または株主会の決議書，関係する支払証憑等の証明資料
3　申人者が個人でありかつ中国国内に住所を有する場合には，戸籍，家庭，経済的利益関係により中国国内に習慣的に居住することの証明資料，これには申請人の身分情報，住所の状況の説明書等の資料を含みます。
4　申人者が個人でありかつ中国国内に住所を有しないで，一納税年度内に中国国内において満183日居住する場合には，中国国内における実際居住時間の証明資料を提供しますが，これには出入国情報等の資料を含みます。

　上記の記載または提供する資料は中国語の文書で提出しなければならず，関係する資料原本が外国語文書である場合には，同時に中国語翻訳を提供しなければなりません。申請人が税務機関に上記資料の写しを提出するときは，写しに申請人の印鑑または署名を押印記載し，税務機関は原本を照合検査した後に写しを保存します。

第14章

中国の賞与，退職金，株式奨励所得への課税

1　賞与課税の仕組み

　中国の個人所得税の賞与課税には，数か月賞与の課税と年間一括賞与の課税があります。

　数か月賞与の課税が居住者と非居住者に区分して規定されているのに対して，年間一括賞与は居住者の賞与課税のみが規定されています。

数か月賞与とは

　数か月賞与とは，1回で取得する数か月に属する賞与，年度末加算給与，利益分配等の賃金給与所得をいいます。毎月の固定で支給する賞与と一括支給する数か月賃金（年間一括賞与）は含みません。

　数か月賞与は賃金給与所得として個人所得税が源泉徴収課税されます。

居住者の数か月賞与の課税計算

　居住者の数か月賞与の課税計算は，賃金給与月額に賞与支給額を単純に合算して控除費用等を差し引いた課税所得額に税率表の税率と速算控除額を適用して税額計算します。

住所のない個人が数か月賞与を取得すると？

　住所のない個人が中国国内において職務を履行または職務を執行した時に受け取った数か月賞与は，そのうち国外勤務期間に属する部分は国外に源泉のある賃金給与所得になります。

住所のない個人は下記の３つに区分され，この区分に従って課税所得の範囲が決まります。

■住所のない個人と課税所得

居住者区分	居住期間	課税所得	納税義務者
居住者	国内に累計して満183日居住する年度が連続して満６年で，かつそのいずれかの年度で１回の出国が30日を超えない個人	全所得	無制限納税義務者
	国内に累計して満183日居住する年度が連続して６年未満の個人，または連続して満６年であるが１回の出国が30日を超える個人	国内所得と国外所得の国内支払部分	制限納税義務者
非居住者	国内に累計して183日未満居住する個人または国内に住所も居所もない個人	国内所得	

　賃金給与所得の具体的な計算方法は，数か月賞与に，数か月賞与に属する勤務期間の国内勤務日数と勤務期間に属する西暦日数との割合を乗ずるものとします。

　住所のない個人が１か月内に取得する国内外の数か月賞与が異なる期間の複数の所得を含む場合は，はじめにそれぞれの異なる帰属期間別に国内に源泉のある所得を計算し，その後に合算して当月の国内に源泉のある数か月賞与の収入額を計算します。

非居住者が数か月賞与を取得すると？

　非居住者個人が１か月内に数か月賞与を取得した場合は，個別に規定に従って当月収入額を計算し，当月のその他の賃金給与と合算することなく，６か月で割って税額計算し，控除費用を減額控除しないで，月度税率表を適用して納付税額を計算します。月度税率表は次のものを使用します。

第14章　中国の賞与，退職金，株式奨励所得への課税

■月換算後の総合所得税率表（月度税率表）

等級	月間課税所得額	税率（％）	速算控除額(元)
1	3,000元を超えない場合	3	0
2	3,000元を超え12,000元までの部分	10	210
3	12,000元を超え25,000元までの部分	20	1,410
4	25,000元を超え35,000元までの部分	25	2,660
5	35,000元を超え55,000元までの部分	30	4,410
6	55,000元を超え80,000元までの部分	35	7,160
7	80,000元を超える部分	45	15,160

　1つの西暦年度内で，各1人の非居住者個人について，この税額計算方法は1回のみ適用することが認められます。

　計算公式は下記のとおりです。

数か月賞与の公式

当月数か月賞与納付税額＝[（数か月賞与収入額÷6）×適用税率－速算控除額]×6

■月度税率表（税込みの課税所得額と税引きの課税所得額）

等級	税込みの課税所得額	税引きの課税所得額	税率	速算控除額(元)
1	3,000元を超えない場合	2,910元を超えない部分	3％	0
2	3,000元を超え12,000元までの部分	2,910元を超え11,010元までの部分	10％	210
3	12,000元を超え25,000元までの部分	11,010元を超え21,410元までの部分	20％	1,410
4	25,000元を超え35,000元までの部分	21,410元を超え28,910元までの部分	25％	2,660
5	35,000元を超え55,000元までの部分	28,910元を超え42,910元までの部分	30％	4,410
6	55,000元を超え80,000元までの部分	42,910元を超え59,160元までの部分	35％	7,160
7	80,000元を超える部分	59,160元を超える部分	45％	15,160

居住者個人の年間一括賞与

年間一括賞与とは，行政機関，企業，事業単位等の源泉徴収義務者がその年間の経済効果と被雇用者の年間の業務実績を総合的に考課した状況に基づいて，被雇用者に支給する一次性の賞与をいいます。

年間一括賞与には，年度末賞与，年俸制と実績考課賃金を実行する単位が考課状況に基づいて総合的に具体化する年俸と実績考課賃金も含みます。

年間一括賞与は，一納税年度内において各一納税者について，この課税計算方法は一回だけ採用することが認められます。

2021年12月31日までは，年間一括賞与は総合所得に合算しないで，年間一括賞与収入を12か月で割って月別換算後の総合所得税率表（月度税率表）に従って，適用税率と速算控除額を確定し，個別に計算して納税します。月度税率表は上述した月度税率表と同じです。

納付税額＝（全年一括賞与収入÷12）×適用税率－速算控除額

居住者個人が年間一括賞与を取得した場合は，当年総合所得に合算して計算し納税することを選択することもできます。

2022年1月1日から，居住者個人が取得する年間一括賞与は，当年総合所得に合算して個人所得税を計算し納税しなければなりません。

年間一括賞与の課税計算方法は，一納税年度内において各一納税者につき一回だけ採用することが認められます。

2 退職金課税の取扱い

中国の退職状況

財政部と国家税務総局は2018年12月27日付で「個人所得税法修正後の優遇政策に係る引継問題に関する通知」（財税［2018］164号）を発布し，退職金課税について新たに規定しました。

新たな規定では，退職金課税を，労働関係の解除，早期退職（中文で提前退休），社内退職待遇（中文で内部退養）の3つの状況に区分しています（207ページ「Column ⑰中国企業での退職」をご参照ください）。

この3つの区分のうち，労働関係の解除は，個人と雇用単位（企業等）の一

第14章　中国の賞与，退職金，株式奨励所得への課税

般的な労働関係の解除による退職金課税について規定されています。早期退職
（提前退休）と社内退職待遇（内部退養）は，中国の社会保険法等の関係でも
規定されています。

　以下では，財税［2018］164号で規定された労働関係の解除，早期退職（提
前退休），社内退職待遇（内部退養）の税務処理を詳しくみていきます。

労働関係の解除

　個人と雇用単位が労働関係を解除して一括補償収入（雇用単位が支給する経
済補償金，生活補助費とその他の補助費を含む）を取得した場合は，当地の前
年従業員平均賃金の3倍の金額以内の部分は，個人所得税が免除されます。

　3倍の金額を超える部分は，当年の総合所得に合算しないで，総合所得税率
表を個別適用して税額計算して納税します。

退職金の課税所得額＝一括補償収入－免税額－実際納付の社会保険料

免税額＝前年平均賃金×3倍

実際納付社会保険料＝住宅公積金＋医療保険費＋基本養老保険費＋失業保険費

　このように，退職金の課税所得額は，一括して受け取った退職金補償収入か
ら前年平均賃金の3倍の免税額とその退職金に関係して実際に納付した社会保
険料を控除して算定します。

　税額はその課税所得額に総合所得税率表を適用して計算します。

税額＝全年課税所得額（退職金の課税所得額)×税率－速算控除

　なお，総合所得税率表は下記の税率表を使用します。

■総合所得税率表

等級	全年課税所得額	税率（%）	速算控除額(元)
1	36,000元を超えない部分	3	0
2	36,000元を超え144,000元までの部分	10	2,520

3	144,000元を超え300,000元までの部分	20	16,920
4	300,000元を超え420,000元までの部分	25	31,920
5	420,000元を超え660,000元までの部分	30	52,920
6	660,000元を超え960,000元までの部分	35	85,920
7	960,000元を超える部分	45	181,920

早期退職（提前退休）

　個人が早期退職手続を行って一括補償収入を取得した場合は，早期退職手続を行ってから法定退職年齢までの間の実際の年数で均等に配分し，適用税率と速算控除額を確定し，総合所得税率表を個別適用して計算し納税します。計算公式は次のとおりです。

> 納付税額＝｛[（一括補償収入÷事前退職手続を行ってから法定退職年齢までの実際年数）－費用控除基準]×適用税率－速算控除額｝×事前退職手続を行ってから法定退職年齢までの実際年数

　税率表は上記の総合所得税率表を適用します。

社内退職待遇（内部退養）

　個人が社内退職待遇手続を行うことにより一括補償収入を取得した場合は，次のように税額計算します。

> 1　月別に賃金・給与を取得した場合
> 　個人が社内退職待遇手続を行った後に，その原任職単位（企業等）から法定の離職・退職・休職の年齢までの間に取得した賃金・給与は，賃金・給与として個人所得税を税額計算します。
>
> 2　一括性の補償収入を取得した場合
> 　個人が社内退職待遇手続を行った後に，その原任職単位（企業等）から一括性の収入を取得した場合は，社内退職待遇手続を行った後から法定の離職・退職・休職の年齢までの間の月数で均等化し，一括性収入を受領した月の賃金・給与所得と合算した後に，当月費用控除基準を減額して，残額を基数として適用税率を確定します。
> 　さらに当月の賃金・給与所得に一括性収入を加算し，費用控除基準を差し引

第14章　中国の賞与，退職金，株式奨励所得への課税

いて，適用税率で個人所得税を税額計算します。

3　他の企業等から賃金・給与所得を取得した場合

個人が社内退職待遇手続を行った後から法定の離職・退職・休職の年齢までの間に新たに就業して取得した「賃金給与」所得は，その原任職単位（企業等）から取得した同一月度の「賃金給与」所得と合算します。個人所得税は自己申告納付しなければなりません。

3　ストック・オプション等の株式奨励所得の取扱い

日本企業と同様，中国企業でも，ストック・オプション（stock option）・エクイティ・オプション（equity option），譲渡制限付株式（restricted stock），株式増価益権（stock appreciation rights），持分奨励（equity-based incentive）等の株式奨励政策が行われています（208ページ「**Column ⑱株式奨励政策**」をご参照ください）。

そして，これらストック・オプション，エクイティ・オプション，譲渡制限付株式，株式増価益権，持分奨励およびその他の株式引受等による有価証券で雇用主から取得するデスカウント（割引）または補助手当（これを「株式奨励所得」といいます）に対する課税についての規定もあります。

非上場会社の持分奨励制度

非上場会社のストック・オプション，エクイティ・オプション，譲渡制限付株式，株主権奨励は規定の要件に該当し主管税務機関に届け出したものについては課税繰延政策が適用されます。

したがって，従業員が株式奨励を取得した時には暫定的に納税しないことができ，その持分を譲渡した時に収入から持分取得原価と合理的費用を差し引いた後の差額を財産譲渡所得として20％の税率で個人所得税を課税します。

持分取得原価は，ストック・オプションとエクイティ・オプションは権利行使価格で確定し，譲渡制限付株式は実際の出資額で確定し，株主権奨励の取得原価はゼロで計算します。

これらの課税繰延政策の要件は次のとおりです。

1　国内居住企業の持分奨励制度（中文で持分激励計画）であること
2　董事会，株主会（株主総会）で，奨励目的，対象者，対象範囲，有効期間，価格の決定方法，権利の要件と手続等が審議決定されたこと
3　奨励範囲は国内居住企業である当該会社等の株式であること
4　奨励対象は技術幹部と高級管理職で，奨励対象人員は最近6か月の従業員の平均人数の30％を超えないこと
5　ストック・オプションとエクイティ・オプションは，付与日から満3年保有，権利行使日から満1年保有，譲渡制限付株式は，付与日から満3年保有，解禁後満1年保有，持分奨励は奨励を獲得した日から満3年保有しなければならないこと。
6　ストック・オプションとエクイティ・オプションは，付与日から権利行使日までの期間は10年を超えることができなとされていること。
7　持分奨励を実施する会社とその持分奨励対象の会社の所属する業種は「持分奨励租税優遇政策の制限性業種目録」の範囲に該当しないこと。会社の所属する業種は会社の前納税年度の主要営業収入に占める最も高い業種で確定すること。

上場会社の持分奨励制度

　上場会社が個人に付与するストック・オプション，譲渡制限付株式，持分奨励は，主管税務機関に届け出ることにより課税繰延政策を適用することができますので，個人はストック・オプションの権利行使日，譲渡制限付株式の解禁日，持分奨励の取得日から12か月を超えない期間内に個人所得税を納付することができます。

持分奨励所得の税務処理

　上述した財税［2018］164号によれば，居住者個人がストック・オプション，ストック・アプリシェーション・ライト（株式増価益権），リストリクテッド・ストック（制限株式）等の株式奨励所得を取得した場合は，2021年12月31日までは，当年の総合所得に合算しないで，全額を総合所得税率表に個別適用して計算して納税します。計算公式は次のとおりです。

納付税額＝株式奨励収入×適用税率－速算控除額

第14章　中国の賞与，退職金，株式奨励所得への課税

2022年1月1日以後の株式奨励政策は別途規定される予定です。

ストック・オプションとエクイティ・オプションの課税所得額の考え方

ストック・オプションとエクイティ・オプションは，企業が付与した時は原則として課税しません。権利を行使した時に，株式の実際購入価格である権利行使価格が購入日の公平な市場価格を下回る差額を賃金給与所得として課税します。企業は個人所得税の源泉徴収義務者としてストック・オプション等の所得の源泉徴収を行います。

ストック・オプション等の課税所得額の計算は次のとおりです。

ストック・オプション等所得＝(公平な市場価格−権利行使価格)×株式数量

権利行使した後の株式を再譲渡した時に獲得した購入日の公平な市場価格を上回る差額は，個人が証券の流通市場で株式等を譲渡した財産譲渡所得として個人所得税が課税されます。

ストック・オプション等を保有することにより企業の税引後利益の分配に参加して取得する所得は，利息・配当・利益分配所得として個人所得税が課税されます。

譲渡制限付株式と株式増加益権の課税所得額の考え方

譲渡制限付株式と株式増加益権についてはストック・オプションの税務処理を参照して個人所得税を計算し課税します。

譲渡制限付株式については，その株式所有権が奨励対象者に帰属した時点すなわち中国証券登記決済会社に株式登記を行った日に課税所得額を認識します。

譲渡制限付株式の納税義務の発生日は毎回の譲渡制限付株式の解禁日です。

譲渡制限付株式の課税所得額は下記の計算式により計算します。

課税所得額＝(株式登記日の株式市価＋当該回次の株式を解禁した当日の市場価格)÷2×当該回次の解禁株式数−奨励対象者の実際に支払った資金総額×(当該回次の解禁株式数÷奨励対象者が獲得した制限株式の総株式数)

株式増価益権の権利付与者が獲得する収益は，上場会社が権利付与日と権利

行使日との株価差額に権利付与株式数を乗じたものに基づいて，権利付与者に直接支払った現金です。上場会社は株式増価益権の権利付与者に現金を支払った時に納税義務が発生し，上場会社は個人所得税を源泉徴収します。

株式増価益権の課税所得額は次のとおり計算します。

株式増価益権の権利行使回次の課税所得額＝（権利行使日の株価－権利付与日の株価）×権利行使株式数

中国企業での退職

　中国の社会保険法によれば，基本養老保険に参加した個人は，法定の退職年齢に達した時に累計納付が満15年である場合に，月単位で基本養老金を受領することができます。

　基本養老保険に参加した個人は，法定の退職年齢に達した時に累計納付が15年に不足する場合は，納付が満15年となった時に，月単位で基本養老金を受領することができます。

　このように基本養老保険を月単位で受領するためには，法定の退職年齢に達しているだけではなく，基本養老保険料を累計で満15年納付していなければなりません。また，法定の退職年齢に達する前に早期退職（提前退休）した場合や社内退職待遇（内部退養）となった場合には，法定の退職年齢に達するまでの間での補償や社会保険料の累計納付満15年が必要となります。

　一般的な法定退職年齢は，男性が満60歳，女性が満50歳です。このほか，国務院の規定では，共産党や政府機関の正副トップは満65歳，その他の女性幹部は満55歳が退職年齢とされています。

　法定の退職年齢の他に，特別な重労働等の労働条件により早期退職（提前退休）する場合や病気・事故等により労働能力を完全に喪失した場合に

第14章 中国の賞与，退職金，株式奨励所得への課税

は早期退職（提前退休）することもあります。

上記の社内退職待遇（内部退養）は，正式な退職手続ではなく，内部退養手続を行ってその内部退養手続を行った後から法定退職年齢に達するまでの間に，一定の補償金と社会保険料の納付が行われるものです。法定の退職年齢に達した時に正式な退職手続が行われます。

Column

株式奨励政策

ストック・オプションとエクイティ・オプションは，会社が奨励対象者に一定期間内に事前に約定した価格でその会社の株式または持分を購入することを認める権利です。

譲渡制限付株式は，会社が事前に確定した条件で奨励対象者に一定数量のその会社の株式を付与するものです。奨励対象者は勤務年数または業績目標が持分奨励制度の定める条件に該当する場合にのみ当該株式を処分することができます。

株式増価益権は上場会社が会社従業員に将来の一定時期と約定の条件において，定められた数量の株式の価格が上昇することによりもたらされる収益を獲得する権利です。権利付与者が約定の条件において権利を行使した場合は，上場会社は権利行使日と権利付与日の二級市場（流通市場）の株式の差額に権利付与株式数量を乗じて，権利付与者に現金を支給します。

持分奨励は，企業が奨励対象者に一定相当の持分または一定数量の株式を無償で付与することをいいます。

索　引

あ

アクワィアリング……………………………50
アクワィアリング機構（支払機構）……48,50,51
AliPay（アリペイ）………………46,48,50,51

い

委託加工……………………………………120
委託貸付……………………………………107
委託貸付基金専用口座……………………105
委託貸付金…………………………104,107,108
委託貸付金制度……………………………105
委託貸付金専用口座………………………107
一時所得………………………145～147,159
一般納税者……………………29,30,33,39,42
一般輸入貨物の場合…………………………64
移転価格の算定方法………………………117
移転価格文書………………………………126
インボイス方式（適格請求書等保存方式）…26,44
陰陽契約………………………………………72

う

WeChat Pay（ウィチャットペイ）…46,48,50,51
受取人の特定専属設備………………………54
運輸荷卸費……………………………………19

え

営改増改革……………………………………32,39
営改増実験改革……………………………24,27,32
営改増実験実施弁法…………………………24
営業税………………………18,20,21,27
営業税暫定条例………………………………24,27
営業税の課税対象………………………19,23,24
営業税の実施細則……………………………18
営業税廃止……………………………………20
役務提供取引…………………………………18,20
役務報酬所得…………144,145,158,159,175
エクイティ・オプション……………………208
越境電子商務（Cross Border E-Commerce）…57

～63
越境電子商務小売輸入商品リスト………58,59
越境電子商務小売輸入政策…………………62
越境電商企業…………………………………62
越境電商プラットホーム……………………62
越境保証……………………………………111

お

OECD（経済協力開発機構）モデル………102
OECDモデル租税条約…………102,178,179

か

カード発行機構…………………………48,50,51
外国企業所得税法…………………………196
外国籍個人の優遇政策……………………152
外国投資企業…………………………………68
外国投資企業及び外国企業所得税法……196
外国投資リース会社………………………110
外債管理（対外債務の借入規制）………109,111
外資導入政策…………………………………26
外資優遇税制………………………………178
外保内貸………………………………111,112
価額外費用…………………………………17～20
貸付サービス………………………………49,50
過少資本……………………………………126
課税繰延政策………………………………204
課税所得……………………………………144
価値貢献分配法……………………………125,129
株式奨励………………………………………204,206
株式奨励所得………………………………204
株式奨励政策………………………………208
株式増価益権………………………204,205,208
株式増価益権の課税所得額………………207
貨物運輸業専用発票…………………………41
貨物運輸業増値税専用発票…………………41
貨物運輸専用発票……………………………32
貨物役務………………………………………20
貨物供給者…………………………………21,23
貨物販売………………………………………20

索　引

貨物販売取引⋯⋯⋯⋯⋯⋯⋯⋯⋯⋯18

き

企業会計準則第14号―収入⋯⋯⋯⋯34,35
企業従業員基本養老保険⋯⋯⋯⋯⋯150
企業従業員養老保険制度⋯⋯⋯⋯⋯149
企業所得税⋯⋯⋯⋯⋯⋯⋯⋯⋯130,196
企業所得税法⋯⋯⋯⋯⋯⋯⋯⋯178,196
企業年金⋯⋯⋯⋯⋯⋯⋯⋯⋯⋯135,136
企業補充養老保険⋯⋯⋯⋯⋯⋯135,136
基金⋯⋯⋯⋯⋯⋯⋯⋯⋯⋯⋯⋯⋯19
機構・場所⋯⋯⋯⋯⋯⋯⋯⋯⋯⋯91
機動車販売統一発票⋯⋯⋯⋯32,39,41
基本医療保険⋯⋯⋯⋯⋯⋯⋯⋯135,138
基本養老保険⋯⋯⋯⋯134,135〜138,207
基本養老保険制度⋯⋯⋯⋯135,149,150
逆鞘利益返還取引⋯⋯⋯⋯⋯⋯⋯13,24
旧税法と新税法の課税所得と課税方式⋯⋯151
旧税法の賃金給与所得の税率表⋯⋯⋯189
旧税法の納税義務者と課税所得⋯⋯⋯140
給与所得控除⋯⋯⋯⋯⋯⋯⋯⋯⋯132
教育費附加⋯⋯⋯⋯⋯⋯⋯⋯⋯⋯95
教育費付加費用⋯⋯⋯⋯⋯⋯⋯107,108
虚偽発行⋯⋯⋯⋯⋯⋯⋯⋯⋯35,36,37
居住期間と課税所得の要約⋯⋯⋯⋯167
居住期間と賃金給与収入額の計算⋯⋯⋯184
居住企業⋯⋯⋯⋯⋯⋯⋯⋯⋯80,82,87
居住者⋯⋯⋯139,141,151,152,156,157,161
居住者の数か月賞与⋯⋯⋯⋯⋯⋯198
金税カード⋯⋯⋯⋯⋯⋯⋯⋯⋯38,41
金税盤⋯⋯⋯⋯⋯⋯⋯⋯⋯⋯⋯41
金融企業の同期間同種類の貸付金利率の状況説
　明書⋯⋯⋯⋯⋯⋯⋯⋯⋯⋯⋯108
金融サービス⋯⋯⋯⋯⋯⋯⋯⋯49,50
金融商品の譲渡⋯⋯⋯⋯⋯⋯⋯49,50
銀聯商務（Union pay）⋯⋯⋯⋯⋯48

く

国別報告書⋯⋯⋯⋯⋯⋯118,126,129
区分記載請求書等保存方式⋯⋯⋯⋯44
クリアリング機構⋯⋯⋯⋯⋯⋯48,51
グローバル・オペレーション・プロセス⋯⋯124
グローバル・フォーミュラリー・アポーション

メント⋯⋯⋯⋯⋯⋯⋯⋯⋯⋯⋯124

け

経営所得⋯⋯⋯⋯⋯⋯⋯⋯⋯144,145
軽減税率⋯⋯⋯⋯⋯⋯⋯⋯⋯43〜45
月度税率表（税込みの課税所得額と税引きの課
　税所得額）⋯⋯⋯⋯⋯⋯⋯174,200
原価加算法⋯⋯⋯⋯⋯⋯⋯⋯⋯128
研究開発⋯⋯⋯⋯⋯⋯⋯⋯⋯⋯120
原稿報酬所得⋯⋯⋯⋯144,145,158,175
建設工事現場（建設工事PE）⋯⋯⋯92,93
建設用地使用権⋯⋯⋯⋯⋯⋯⋯66,67
源泉税額納付⋯⋯⋯⋯⋯⋯⋯⋯156
源泉税額納付義務⋯⋯⋯⋯⋯⋯156
源泉徴収方法⋯⋯⋯⋯⋯⋯⋯⋯157
現代サービス⋯⋯⋯⋯⋯⋯⋯⋯25
建築物区分所有権⋯⋯⋯⋯⋯⋯65,66

こ

高級管理職⋯⋯⋯⋯⋯171〜173,185,188
高級管理職の計算公式の要約⋯⋯⋯171
高級管理職の国内居住期間が累計して90日を超
　え183日未満である場合⋯⋯⋯⋯172
高級管理職の国内居住期間が累計して90日を超
　えない場合⋯⋯⋯⋯⋯⋯⋯⋯172
高級管理職報酬⋯⋯⋯⋯⋯⋯⋯189
高級管理職務⋯⋯⋯⋯⋯⋯⋯147,171
恒久的施設⋯⋯⋯89,91〜94,97〜99,100,178
恒久的施設の期間基準⋯⋯⋯⋯⋯89
公式一　租税条約上の短期滞在者免税規定の特
　典を適用する場合⋯⋯⋯⋯⋯⋯182
公式一　累計して90日を超えない非居住者個人
　⋯⋯⋯⋯⋯⋯⋯⋯⋯⋯⋯⋯168
公式二　租税条約上の国外勤務を課税しない特
　典を適用する場合⋯⋯⋯⋯⋯⋯183
公式二　累計して90日を超え183日未満である非
　居住者個人⋯⋯⋯⋯⋯⋯⋯⋯169
公式三　累計して満183日居住する年度が6年未
　満の居住者個人⋯⋯⋯170,172,173
公式四⋯⋯⋯⋯⋯⋯⋯⋯⋯⋯⋯175
工事作業請負⋯⋯⋯⋯⋯⋯⋯⋯94
控除予定税額⋯⋯⋯⋯⋯⋯⋯⋯156
控除留保税額⋯⋯⋯⋯⋯⋯⋯⋯31

高進低出・・・・・・・・・・・・・・・・・・・116
小売輸入商品租税政策・・・・・・・57,58,61
語学訓練費・・・・・・・・・・・・・・・・・・152
国外給与所得の特典・・・・・・・・・・・180
国外源泉所得・・・・・91,140,141,166,180,186
国外中資企業・・・・・・・・・・・・・・・・・82
国外中資企業への配当課税・・・・・・・82
国際会計基準（IFRS）・・・・・・・・34,35
国税局・・・・・・・・・・・・・・・・・・・・・136
国内移転価格・・・・・・・・・・・・・・・・116
国内外源泉所得・・・・・・・・・・・・・・144
国内給与所得の特典・・・・・・・・・・・181
国内居住期間が累計して90日を超え183日未満である非居住者・・・169
国内居住期間が累計して90日を超えない非居住者・・・168
国内勤務期間・・・・・・・・・・・・・・・・146
国内源泉所得・・・・・・・141,147,166,186
国有企業・・・・・・・・・・・・・・・・・14,15
国有土地・・・・・・・・・・・・・・・・・・・65
国連移転価格実務マニュアル・・・・・・86
国連モデル・・・・・・・・・・・・・・・・・102
国連モデル租税条約・・・・・・・・・・・178
5険1金・・・・・・・・・・・・135,136,138
個人所得税・・・・・・130,138,139,154,196
個人所得税税率表一（総合所得適用）・・・・160,162,176
個人所得税税率表二（経営所得適用）・・・・・・・164
個人所得税税率表三（非居住者個人の賃金給与所得，役務報酬所得，原稿報酬所得，特許権使用料所得に適用）・・・158,163
個人所得税年度自己納税申告表・・・161,162
個人所得税の無制限納税義務者・・・・・・・・・141
個人所得税法・・・・・・130,131,142,151,183,196
個人所得税法実施条例第5条・・・168,172,173
個人所得税法実施条例第4条・・・170,171
個人所得税予定控除率表一（居住者個人の賃金給与所得の予定控除予定納付に適用）・・・157,177,193
個人所得税予定控除率表二（居住者個人の役務報酬所得の予定控除予定納付に適用）・・・158
個人貯蓄型養老保険・・・・・・・134～136
個人貯蓄型養老保険制度・・・・・・・・・135

コスト・セービング（ロケーション・セービング）・・・・・・・・・・・・・119,120,124
国家所有・・・・・・・・・・・・・・・・・65,66
国家税務総局・・・15,21,35,40,50,88,93,95,118,119,123～126,136,137,142,166

さ

サービスPE・・・・・・・・・・・92,93,96,97
サービスPE課税・・・・・・98～100,102,103,178,179
サービス貿易・・・・・・・・・・・・・・・・77
財産譲渡所得・・・・・・・・・145,146,159
財産賃貸所得・・・・・・・・・145,146,159
最終消費者価格・・・・・・・・・・・・13,14
再販売価格基準法・・・・・・・・・・・・128
先売後買取引・・・・・・・・・・・・・・・・37

し

支払服務（ジーフフウーウ）・・・・・・・47
仕入税額・・・・・・・・・・・・・・・・17,23
仕入税額控除・・・・・27,29～31,33～36,42
仕入割戻・・・・・・・・・・・・・・・・・・・14
事業所得の特典（第7条）・・・・・・・・185
自己申告納付・・・・・・・・・・・・159,165
自己取引資金・・・・・・・・・・・・・・・・70
市場固有の特徴・・・・・・・・・・・・・・123
子女教育費・・・・・・・・・・・・・・・・・152
失業保険・・・・・・・・・・・・・・・135,138
実際管理機構・・・・・・・・・・・・・80,82
実費精算費用・・・・・・・・・・・・・・・・19
私的所有・・・・・・・・・・・・・・・・・65,66
支払業務許可証・・・・・・・・・・48,53,62
資本弱化・・・・・・・・・・・・・・・・・・126
社内退職待遇（内部退養）・・・・・・201～203,207,208
収益と経常移転収入・・・・・・・・・・・・77
従業員養老保険・・・・・・・・・・・134,135
自由職業所得の特典（第14条）・・・・・185
住所のない居住者個人・・165,166,172,176,182,183
住所のない個人・・・165,168～171,180,181,191,198,199
住所のない非居住者個人・・・・・・・・・182
住宅公積金・・・・・・・・・・・134～136,138
住宅補助手当・・・・・・・・・・・・・・・152
集団所有・・・・・・・・・・・・・・・・・65,66

索　引

集団土地·································65
住民社会養老保険····················134,135
出産育児保険（生育保険）··············135,138
小規模納税者·····················29,30,39,40
商業企業····················13,14,21,23
商業保険·································136
上場会社の持分奨励制度················205
収単（ショウダン）·····················47
譲渡制限付株式·························208
譲渡制限付株式の課税所得額············206
消費税の納付税額·······················43
所有権·································65
新型農村社会養老保険··············134,135,149
新税法··139,141,142,144,151,152,166,167,186,
　187,188,190,194,196
新税法の納税義務者と課税所得············141

す

推定課税·····················95,96,168
数か月賞与·························198,199
ストック・オプション··················208
ストック・オプション等の課税所得額········206

せ

税関輸入増値税専用納付書··················32
税金還付·······················31,32,42
制限納税義務者·························141
税控盤·································41
生産企業·······················13〜15,21
清算機構·································50
税務公告·······················97〜100
全員全額源泉徴収申告····················156
全国増値税発票照会プラットホーム·········39
先税後分·························166,186
全年課税所得額·························162
先分後税·························166,186

そ

早期退職（提前退休）··········201〜203,207,208
総合課税方式·····························151
総合所得課税··············133,134,151,153
総合所得税率表·························202
総合精算申告納付·······················183

総合精算納付··············159,160,162,175,183
相殺すべき仕入税額の計算式··············16,22
増値税··········15,20,26,27,39,95,108,113,130
増値税偽造防止システム··················38
増値税暫定条例·····················24,27,30
増値税専用発票·····15,16,23〜25,30,32〜34,39,
　41,108
増値税電子発票·························60
増値税電子普通発票····················32,39
増値税の課税対象·················17〜19,23,49
増値税の減免税政策······················71
増値税の実施細則························18
増値税の税率·····························28
増値税の納付税額の求め方················29
増値税発票·······························42
増値税発票管理新システム···········32,39,40
増値税発票照会プラットホーム············42
増値税発票の読み取り（スキャニング）········42
増値税普通発票····················32,39,41
贈答品収入·······························148
租税居住者身分証明書····················197
租税条約·································100
租税条約上の短期滞在者の免税規定··········181
その他の越境保証·······················111
その他の控除·····························155

た

対外支払税務の届出····················76,77
第三者決済サービス····················49,50
第三者決済サービスの増値税処理············50
退職金課税·························201,202
代理回収金·······························19
代理控除代理納付··············93,153,154,161
代理店·································14
宅基地使用権·························66,67
多国籍企業と税務当局のための移転価格ガイド
　ライン·································118
タックスヘイブン·················81,82,127
タックスホリディ（優遇税制）··············127
立替金·································19
担保権·································65

ち

地域固有の優位性……………………123
地役権……………………………66,67
地方税務局（地税局）………………136
中外合資経営企業所得税法…………196
中華人民共和国企業年度関連取引往来報告表
　（年度関連取引報告表）…………126
中華人民共和国電子商務法（電子商務法）……59,
　60,62
中国国内源泉所得…………………91,140
中国国内の不動産売買……………73,74
中国人民銀行……………………47,48,49
中国人民銀行貸付規則………………104
中国租税居住者身分証明書…………197
中国特許法………………………………85
中国の移転価格算定方法……………128
中国の移転価格実務…………………86,119
中国の移転価格税制…………………115,116
中国の企業所得税法……………79,82,87,88,91
中国の税率表……………………………133
中国の電子決済サービス………………46
中国の土地制度…………………………65
中国の配当課税…………………………79
中国の物権法……………………………65
中国の不動産取引………………………69
中国の輸入税……………………………56
中古指導価格…………………………71,72
中古住宅取引サービス・プラットホーム……70,71
重複課税問題……………………………27
帳簿・請求書等保存方式………………44
帳簿・請求書併用方式…………………26
直接購入輸入……………………………61
直接費用徴求金融サービス………49,50,113
直接郵便方式…………………………57,63
貯蓄型養老保険………………………149
賃金給与所得…………………144,146,156,172

つ

月換算後の総合所得税率表………174,190,200

て

適格請求書等保存方式………………44,45

ち

電子機器製造受託サービス（EMS）……120,121
電子商務経営者…………………………59,60
電子商務取引プラットホーム………………63
電子商務プラットホーム……………59〜61

と

同期間同種類の貸付金利率…………108
同期資料………………………………123,126
当期に相殺すべき仕入税額………17,22
投資性公司（傘型企業）……………110
投注差…………………………………109
投注差方式……………………………109,112
特定付加控除……………………153,155,162
特典条項………………………………180
独立価格比準法………………………128
都市郷鎮住民基本養老保険制度……149
都市郷鎮住民社会養老保険…………149
都市擁護建設税………………95,107,108
土地請負経営権…………………………66
土地使用に対する制限…………………68
特許権使用料収入………………………87
特許権使用料所得………144,145,158,175
取引単位純利益法……………………128

な

内保外貸……………………………111,112

に

2008年の税制改正………………………20
2017年改正後の増値税暫定条例………25
2017年改正後の増値税の課税対象……25
2017年の増値税…………………………20
2017年の増値税改正……………………20
日中社会保障協定……………………138
日中租税条約……88,92,93,98,178,182,184,196
日中租税条約上の特典……………180,185,197
日中租税条約第15条第1項（国外給与所得）の
　特典………………………………180
日中租税条約第15条第2項（国内給与所得）の
　特典………………………………181,187
日本の消費税……………………………43
日本の消費税率…………………………43
日本の配当金課税………………………90

索　引

ね

ネット契約締結手続⋯⋯⋯⋯⋯⋯⋯69
ネット購入保税輸入⋯⋯⋯⋯⋯⋯⋯61
ネット上の税務処理プラットホーム⋯⋯73
ネット締結価格⋯⋯⋯⋯⋯⋯⋯71,72
年間一括賞与⋯⋯⋯⋯⋯⋯⋯⋯⋯201

の

納税義務⋯⋯⋯⋯⋯⋯⋯⋯⋯32,35
納付税額⋯⋯⋯⋯⋯⋯⋯⋯⋯17,23

は

配当⋯⋯⋯⋯⋯⋯⋯⋯⋯⋯145,159
配当源泉税の暫定不課税政策⋯⋯⋯⋯81
配当等の益金不算入制度⋯⋯⋯⋯⋯90
派遣企業⋯⋯⋯⋯⋯⋯⋯⋯100,101
派遣者⋯⋯⋯⋯⋯⋯⋯⋯⋯100,101
発展途上国のための移転価格実務マニュアル⋯118
発票発行主義⋯⋯⋯⋯⋯⋯⋯34,35
払下土地使用権⋯⋯⋯⋯⋯⋯⋯67,68
販売代理店等⋯⋯⋯⋯⋯⋯⋯13,17

ひ

PE課税⋯⋯⋯⋯⋯⋯⋯⋯⋯92〜94
非居住企業⋯⋯⋯⋯80,87,91,94,95,97
非居住企業の推定利益率⋯⋯⋯⋯⋯96
非居住者⋯⋯139,151,154,158,161,165,175,199
非居住者個人⋯⋯⋯⋯⋯⋯⋯⋯⋯141
非国内登録居住企業⋯⋯⋯⋯⋯⋯82
費用控除⋯⋯⋯⋯⋯⋯⋯⋯⋯⋯132
比率自律管理方式（マクロ・プルーデンス方式）⋯⋯⋯⋯⋯⋯⋯⋯109,110
平鎮返利（ピン・シャオ・ファン・リ）⋯⋯⋯13

ふ

不動産の無償贈与⋯⋯⋯⋯⋯⋯⋯147
分類課税方式⋯⋯⋯⋯⋯⋯⋯⋯⋯151
分類所得課税⋯⋯⋯⋯⋯⋯⋯⋯⋯154

へ

北京市の養老保険料率⋯⋯⋯⋯⋯⋯137
BEPS⋯⋯⋯⋯⋯⋯⋯⋯⋯⋯⋯⋯122

返還利益⋯⋯⋯⋯⋯⋯⋯⋯⋯⋯⋯19
変動持分基準⋯⋯⋯⋯⋯⋯⋯⋯⋯83
変動持分事業体（VIE）⋯⋯⋯⋯83,84

ほ

簿外取引⋯⋯⋯⋯⋯⋯⋯⋯⋯⋯⋯16
保険サービス⋯⋯⋯⋯⋯⋯⋯49,50
補充医療保険⋯⋯⋯⋯⋯⋯⋯⋯⋯136
補充養老保険⋯⋯⋯⋯⋯⋯134〜136
補充養老保険制度⋯⋯⋯⋯⋯135,149
保証⋯⋯⋯⋯⋯⋯⋯⋯⋯⋯⋯⋯113
保証収入⋯⋯⋯⋯⋯⋯⋯⋯⋯⋯147
保証料⋯⋯⋯⋯⋯⋯⋯⋯⋯⋯⋯113
補助手当⋯⋯⋯⋯⋯⋯⋯⋯⋯⋯⋯19
保税区⋯⋯⋯⋯⋯⋯⋯⋯58,59,63
保税区倉庫方式⋯⋯⋯⋯⋯⋯57,59,63

ま

マーケット・プレミアム⋯⋯⋯⋯⋯120
マーケティング無形資産⋯⋯⋯125,126
マスターファイル⋯⋯⋯118,126,129

み

みなし外国税額控除⋯⋯⋯⋯⋯⋯178

む

無形資産⋯⋯⋯87,88,121,124,125
無形資産の価値貢献活動⋯⋯⋯⋯125

め

名義貸し取引⋯⋯⋯⋯⋯⋯⋯⋯⋯37
免税⋯⋯⋯⋯⋯⋯⋯⋯⋯⋯138,178
免税規定⋯⋯⋯⋯⋯⋯⋯⋯168,173
免税収入⋯⋯⋯⋯⋯⋯⋯⋯153,154
免税所得⋯⋯⋯⋯⋯⋯⋯⋯⋯⋯154
免税要件⋯⋯⋯⋯⋯⋯⋯⋯⋯⋯182
免税枠⋯⋯⋯⋯⋯⋯⋯⋯⋯130,131

や

役員報酬条項（第16条）⋯⋯⋯⋯185
役員報酬所得⋯⋯⋯⋯⋯⋯⋯⋯⋯157

ゆ

優遇租税政策······················58
優良品質費······················19
輸入関税······················56, 58
輸入消費税····················56, 58
輸入税······················56, 57
輸入増値税····················56, 58

よ

用益権······················65, 66
養老保険制度··················134, 149
予定控除税額···················156
予定控除予定納付··············153

り

利益分割法······················128
利益分配所得··················145, 159
利息····················113, 145, 159
リベート························14
流通税························116

る

累計課税所得額···················156
累計居住日数····················143
累計控除費用····················156
累計して満183日居住する年度が連続して満
　6年である居住者················171
累計して満183日居住する年度が連続して6年
　未満である居住者···············170
累計予定控除法···················156

ろ

ロイヤルティの源泉徴収課税···········87
労災保険（工傷保険）············135, 138
労働関係の解除··················201, 202
ローカルファイル·············118, 126, 129

わ

割当土地使用権··················67, 68
網路紅包（ワンルオ・ホンバォ）·········148

法令・通知等

「営改増改革に関連する徴収管理をさらに明確にすることに関する公告」（国家税務総局公告2017年
　　　第11号第6条）・・50
「営改増実験の若干の徴収管理問題に関する公告」（国家税務総局公告2016年第53号第3条と第4条）・・・50
「営業税の増値税改正実験における非居住企業が納付する企業所得税に係る問題に関する公告」（国家
　　　税務総局公告2013年第9号）・・・88
「越境保証外貨管理規程」（滙発〔2014〕29号）・・・111
「外国企業人員が訪中して提供した役務に租税協定が定めた原則をどのように従わせて課税を行うかの
　　　問題に関する回答」（国家税務総局（89）国税外字第091号）・・・・・・・・・・・・・・・・・・・・・・・・・・93
「外国企業の工事作業請負と役務サービス提供についての工商統一税と企業所得税の課税に関する暫定
　　　規定」（(83) 財税149号）・・92
「関連申告と同期資料の管理の改善に係る事項に関する公告」（国家税務総局公告2016年第42号）
　　　・・118, 123, 125, 126
「企業所得税の若干の問題に関する公告」（国家税務総局公告2011年第34号）・・・・・・・・・・・・・・・・・・・・108
「技術導入契約の締結と審査批准の指導原則」（1990年，旧対外貿易経済合作部）・・・・・・・・・・・・・・・・・85
「逆鞘行為に増値税を課税する問題に関する通知」（国税発〔1997〕167号）・・・・・・・・・15, 16, 17, 19, 21
「銀行カードアクワィアリング業務管理弁法」（中国人民銀行公告2013年第9号）・・・・・・・・・・・・・・・・・48
「国外投資者の分配利益による直接投資の源泉所得税暫定不課税政策の適用範囲を拡大することに関す
　　　る通知」（財税〔2018〕102号）・・81
「国務院機構改革方案」（2018年全人代会議）・・136
「個人が取得する関連収入の個人所得課税所得項目の適用に関する公告」（財政部，税務総局公告2019年
　　　第74号）・・147
「個人所得税法修正後の優遇政策に係る引継問題に関する通知」（財税〔2018〕164号）・・・・・・201, 202, 205
「サービス貿易等の項目の対外支払税務届出に係る問題に関する公告」（国家税務総局，国家外貨管理
　　　局公告2013年第40号）・・76
「社会保険料率の段階的な引下げに関する通知」（人力資源社会保障部，人社部発〔2016〕36号）・・・・・150
「社会保険料率を引下げる総合方案の印刷発行に関する通知」（国弁発〔2019〕13号）・・・・・・・・・・・・・150
「商業企業が貨物供給者から受け取る一部費用の流通税課税問題に関する通知」（国税発〔2004〕
　　　136号）・・・21
「商業銀行委託貸付金管理弁法」（銀監発〔2018〕2号）・・・・・・・・・・・・・・・・・・・・・・・・・・・・・・・・・・・106
「全国発票管理暫定弁法」（1986年，財政部発布）・・・30
「中華人民共和国電子商務法」（2018年8月31日，全人代常務委員会）・・・・・・・・・・・・・・・・・・・59, 60, 62
「中国国内に住所のない個人の居住時間判定基準に関する公告」（財政部，税務総局公告2019年
　　　第34号）・・142
「『中国租税居住者身分証明書』の修正に係る事項に関する公告」（国家税務総局公告2019年第17号）・・・197
「中古住宅取引の税収徴収管理業務を強化することに関する通知」（京財税〔2011〕418号）・・・・・・・・・・72
「統一した都市郷鎮住民基本養老保険制度の確立に関する意見書」（国発〔2014〕8号）・・・・・・・・・・・・149
「特別納税調査調整及び相互協議手続管理弁法」（国家税務総局公告2017年第6号）・・・・・・124, 125, 128, 129

「特別納税調整実施弁法（試行）」（国税発［2009］2号）……………………………118

「納税者が対外的に発行する増値税専用発票の関連問題に関する通知」（公告2014年第39号）……35,36,37

「非居住企業所得税推定課税管理弁法」（国税発［2010］19号）……………………………95

「非居住企業の派遣者の中国国内における役務提供の企業所得課税に係る問題に関する公告」（国家税務総局公告2013年第19号）……………………………97

「非居住者個人と住所のない居住者個人に係る個人所得税政策に関する公告」（財政部，税務総局公告2019年第35号）……………………………165,166,170,182,186

「非居住者の工事作業請負と役務提供の租税管理暫定弁法」（国家税務総局令第19号）………………94

「非銀行支払機構ネットワーク支払業務管理弁法」（中国人民銀行公告2015年第43号）………………49

「非金融機関支払サービス管理弁法」（中国人民銀行令［2010］第2号）……………………………47

「不動産取引段階の契税，営業税の優遇政策の調整に関する通知」（財税［2016］23号）………………75

「不動産取引の税務処理方法の高度化に関する公告」（国家税務総局公告2019年第19号）………………73

索 引

217

＜著者紹介＞

近藤　義雄（こんどう　よしお）

早稲田大学大学院商学研究科修士課程修了後，監査法人に勤務して公認会計士登録。1986年から88年北京駐在。2001年に監査法人のパートナーを退任し，近藤公認会計士事務所を開業して中国税務会計のコンサルティング業務を提供。

近藤公認会計士事務所　ホームページ

http://kondo.la.coocan.jp

主な著書（出版物と電子書籍）

『中国投資の実務　第4版』（東洋経済新報社，1996年）

『中国現地法人の企業会計制度―日中対訳』（日本国際貿易促進協会，2002年）

『中国増値税の仕組みと実務〈第2版〉』（中央経済社，2005年）

『中国の企業所得税と会計実務』（中央経済社，2005年）

『中国現地法人の経営，会計，税務　第4版』（中央経済社，2006年）

『中国増値税の実務詳解』（千倉書房，2010年）

『中国企業所得税の実務詳解』（千倉書房，2012年）

『中国個人所得税の実務詳解』（千倉書房，2012年）

『中国事業の会計税務　2012年改訂版』（蒼蒼社，2012年）

『中国企業会計基準　2016年10月版』（kindle版）

『これで解決！　中国ビジネス　投資の実務　2017年2月版』（kindle版）

『中国の会計実務　2018年5月版』（kindle版）

『国際税務と個人所得税　2019年4月版』（kindle版）

『中国の増値税と企業所得税　2019年7月版』（kindle版）

『中国の改訂企業会計基準　2019年9月版』（kindle版）

最新 中国税務＆ビジネス

2019年10月20日　第1版第1刷発行

著　者　近　藤　義　雄
発行者　山　本　　　継
発行所　㈱中　央　経　済　社
発売元　㈱中央経済グループ
　　　　パブリッシング

〒101-0051　東京都千代田区神田神保町1-31-2
電　話　03（3293）3371（編集代表）
　　　　03（3293）3381（営業代表）
http://www.chuokeizai.co.jp/
印刷／東光整版印刷㈱
製本／㈲井上製本所

©2019
Printed in Japan

＊頁の「欠落」や「順序違い」などがありましたらお取り替えいた
しますので発売元までご送付ください。（送料小社負担）

ISBN978-4-502-31881-8　C3034

JCOPY〈出版者著作権管理機構委託出版物〉本書を無断で複写複製（コピー）することは，
著作権法上の例外を除き，禁じられています。本書をコピーされる場合は事前に出版者著
作権管理機構（JCOPY）の許諾を受けてください。
　JCOPY〈http://www.jcopy.or.jp　eメール：info@jcopy.or.jp〉

● 実務・受験に愛用されている読みやすく正確な内容のロングセラー！

定評ある税の法規・通達集 シリーズ

所得税法規集
日本税理士会連合会 編
中央経済社

❶所得税法　❷同施行令・同施行規則・同関係告示　❸租税特別措置法（抄）　❹同施行令・同施行規則・同関係告示（抄）　❺震災特例法・同施行令・同施行規則（抄）　❻復興財源確保法（抄）　❼復興特別所得税に関する政令・同省令　❽災害減免法・同施行令（抄）　❾国外送金等調書提出法・同施行令・同施行規則・同関係告示

所得税取扱通達集
日本税理士会連合会 編
中央経済社

❶所得税取扱通達（基本通達／個別通達）　❷租税特別措置法関係通達　❸国外送金等調書提出法関係通達　❹災害減免法関係通達　❺震災特例法関係通達　❻索引

法人税法規集
日本税理士会連合会 編
中央経済社

❶法人税法　❷同施行令・同施行規則・法人税申告書一覧表　❸減価償却耐用年数省令　❹法人税法関係告示　❺地方法人税法・同施行令・同施行規則　❻租税特別措置法（抄）　❼同施行令・同施行規則・同関係告示　❽震災特例法・同施行令・同施行規則（抄）　❾復興財源確保法（抄）　❿復興特別法人税に関する政令・同省令　⓫租特透明化法・同施行令・同施行規則

法人税取扱通達集
日本税理士会連合会 編
中央経済社

❶法人税取扱通達（基本通達／個別通達）　❷租税特別措置法関係通達（法人税編）　❸連結納税基本通達　❹租税特別措置法関係通達（連結納税編）　❺減価償却耐用年数省令　❻機械装置の細目と個別年数　❼耐用年数の適用等に関する取扱通達　❽震災特例法関係通達　❾復興特別法人税関係通達　❿索引

相続税法規通達集
日本税理士会連合会 編
中央経済社

❶相続税法　❷同施行令・同施行規則・同関係告示　❸土地評価審議会令・同省令　❹相続税法基本通達　❺財産評価基本通達　❻相続税法関係個別通達　❼租税特別措置法（抄）　❽同施行令・同施行規則（抄）・同関係告示　❾租税特別措置法（相続税法の特例）関係通達　❿震災特例法・同施行令・同施行規則（抄）・同関係告示　⓫震災特例法関係通達　⓬災害減免法・同施行令（抄）　⓭国外送金等調書提出法・同施行令・同施行規則・同関係通達　⓮民法（抄）

国税通則・徴収法規集
日本税理士会連合会 編
中央経済社

❶国税通則法　❷同施行令・同施行規則・同関係告示　❸国税関係法令　❹租税特別措置法・同施行令・同施行規則（抄）　❺国税徴収法　❻同施行令・同施行規則　❼滞調法・同施行令・同施行規則　❽税理士法・同施行令・同施行規則・同関係告示　❾電子帳簿保存法・同施行規則・同関係告示・同関係通達　❿行政手続オンライン化法・同国税関係法令に関する省令・同関係告示　⓫行政手続法　⓬行政不服審査法　⓭行政事件訴訟法（抄）　⓮組織的犯罪処罰法（抄）　⓯没収保全と滞納処分との調整令　⓰犯罪収益規則（抄）　⓱麻薬特例法（抄）

消費税法規通達集
日本税理士会連合会 編
中央経済社

❶消費税法　❷別表第三等に関する法令　❸同施行令・同施行規則・同関係告示　❹消費税法基本通達　❺消費税申告書様式等　❻消費税法等関係取扱通達等　❼租税特別措置法（抄）　❽同施行令・同施行規則（抄）・同関係通達　❾消費税転嫁対策法・同ガイドライン　❿震災特例法・同施行令（抄）・同関係告示　⓫震災特例法関係通達　⓬税制改革法等　⓭地方税法（抄）　⓮同施行令・同施行規則（抄）　⓯所得税・法人税政省令（抄）　⓰輸徴法令（抄）　⓱関税法令（抄）　⓲関税定率法令（抄）

登録免許税・印紙税法規集
日本税理士会連合会 編
中央経済社

❶登録免許税法　❷同施行令・同施行規則　❸租税特別措置法・同施行令・同施行規則（抄）　❹震災特例法・同施行令・同施行規則（抄）　❺印紙税法　❻同施行令・同施行規則　❼印紙税法基本通達　❽租税特別措置法・同施行令・同施行規則（抄）　❾印紙税額一覧表　❿震災特例法・同施行令・同施行規則（抄）　⓫震災特例法関係通達等

中央経済社